»Kinder sind Kinder« – Band 15

Karl E. Dambach

Mobbing
in der Schulklasse

2., überarbeitete und erweiterte Auflage

Ernst Reinhardt Verlag München Basel

Karl E. Dambach, geb. 1945, zwei Kinder, Studiendirektor an der Werner-Heisenberg-Schule in Rüsselsheim, Unterrichtstätigkeit an beruflichen Schulen, Begleitstudium Pädagogik und Psychologie, Ausbilder und Fachleiter am Studienseminar für berufliche Schulen Wiesbaden mit erziehungs- und gesellschaftswissenschaftlichem Arbeitsschwerpunkt.

Titelfoto: 2002 © Photo Disc, Inc.
Bild S. 2: Christine Zimmermann, Kelkheim

Die Deutsche Bibliothek – CIP-Einheitsaufnahme

Dambach, Karl E.:
Mobbing in der Schulklasse / Karl E. Dambach. – 2., überarb. und erw. Aufl. – München ; Basel : E. Reinhardt, 2002
    (Kinder sind Kinder ; Bd. 15)
    ISBN 3-497-01588-1
    ISSN 0720-8707

Ernst Reinhardt Verlag, Postfach 38 02 80, D-80615 München
Net: www.reinhardt-verlag.de   Mail: info@reinhardt-verlag.de

Inhalt

Vorwort

Der Begriff „Mobbing" als Psychoterror einer Gruppe gegen Einzelne ist im Bereich der Arbeitswelt nicht mehr ganz neu: Es gibt mittlerweile viel Literatur zu diesem Thema, Anti-Mobbing-Kurse verschiedener Organisationen, eine Reihe speziell dafür eingerichtete Beratungsstellen und sogar Kliniken für Mobbingopfer. Geschichten, wie Kollegen „einen fertig machen", sind zahlreich und werden in Gesellschaft gern zum Besten gegeben. Auch sind sie in der Literatur (meist in der Trivialliteratur zur Unterhaltung der Leser) häufig anzutreffen.

Die Parallele von Arbeitsplatz und Schulklasse, von Mitarbeiter und Mitschüler ist offensichtlich: das tägliche mehrstündige Zusammensein in einer Gruppe, die nicht einfach verlassen werden kann, die gegenseitige Abhängigkeit, gemeinsame Pflichten usw. Deshalb möchte ich das Wort „Mobbing" auch für die Schule verwenden. Denn die Aufmerksamkeit, die mit diesem Begriff in den Veröffentlichungen der Massenmedien geweckt worden ist, erscheint mir nützlich, das Leiden vieler Schüler ins öffentliche Bewusstsein zu heben, um ihnen zu helfen. Ideal wäre es, ein Sozialverhalten zu erreichen, das den Psychoterror abstellt und dazu noch einem späteren Mobbing am Arbeitsplatz vorbeugt oder wenigstens entgegenwirkt.

Im Arbeitsleben wird das Thema Mobbing schon seit ein paar Jahren diskutiert. Es gibt inzwischen dafür Spezialisten bei vielen Unternehmen und Gewerkschaften, im Gesundheitsbereich und bei Sozialdiensten. Dass hier das Problem bewusst ist und einiges getan wird, ist erfreulich. Dass nur an einzelnen Schulen Maßnahmen gegen Mobbing ergriffen werden, hängt zum einen vermutlich damit zusammen, dass keine direkt sichtbaren ökonomischen Einbußen wie in der Wirtschaft entstehen, wenn aus einem schlechten Arbeitsklima Minderleistungen und Fehlzeiten der Beschäftigten resultieren, zum anderen damit, dass die Nöte von Kindern und Jugendlichen, von Schule generell, nicht in der gleichen Weise ernst genommen werden wie von Erwachsenen.

Dass jedoch das Mobbingverhalten in der Schule gelernt, trainiert und verfeinert wird, ist unstrittig, wenn dies auch bisher nicht beachtet wird.

Es gibt keine Untersuchungen darüber, welche individuellen und gesellschaftlichen Schäden durch Mobbing in der Schule angerichtet werden. Der Zusammenhang von Ursache und Wirkung ist bei solch problematischem Sozialverhalten und den Folgen für den Einzelnen daraus meist schwer nachzuweisen. Welchen Anteil daran haben frühe schlimme Schulerfahrungen von Mobbingopfern,

• wenn sie psychosomatisch erkranken,
• wenn sie in Gruppen sich nicht zu äußern wagen,
• wenn sie Gesellschaften meiden, zu Einzelgängern werden,
• wenn sie schnell beleidigt sind oder aggressiv werden,
• wenn sie keine Kritik einstecken können,
• wenn sie sich immer in den Vordergrund drängen müssen,
• wenn sie ständig die Anerkennung der Autoritäten suchen,
• wenn sie sich Prestigegüter zulegen müssen, die ihre finanziellen Möglichkeiten eigentlich überschreiten,

- wenn sie bei jedem Zusammentreffen als Belastung empfunden werden,
- wenn sie ständig davon überzeugt sind, andere führten nur Böses im Schilde usw.?

Ähnliche Auswirkungen sind jedoch auch bei Gruppenmitgliedern festzustellen, die zwar nie selbst gemobbt wurden, die aber Mobbing an anderen miterlebten und in der ständigen Furcht waren, selbst zu Opfern zu werden. Auch die lang anhaltende Angst, selbst in eine solche Position zu geraten, wenn man erlebt hat, wie gnadenlos die Täter vorgehen können, kann Prägungen von lebenslanger Wirkung nach sich ziehen.

Wie solche Verhaltensweisen zustande kommen und im Unterricht bearbeitet werden können, ist Thema dieser Ausführungen. Dass dies auch gesellschaftliche Auswirkungen haben kann, liegt auf der Hand. In einer demokratischen Gesellschaft sind wir gefordert, uns solidarisch zu verhalten, das Wort für Schwächere zu ergreifen, unsere Rechte einzufordern, uns gegen Ungerechtigkeiten gegenüber anderen, die wir täglich mitansehen, zu engagieren. Dazu bedarf es des Mutes, der Gewissheit, nicht wegen geringfügiger Mängel (z. B. sprachlicher Ungeschicklichkeit) lächerlich gemacht oder auf andere Weise ins Abseits gestellt zu werden.

Bei einem Elternabend, einer Betriebs- oder Bürgerversammlung laufen manchmal die gleichen Mechanismen wie in der Schulklasse ab: Einige, die etwas zu sagen hätten, wagen es nicht, sich vor einer größeren Gruppe zu äußern. Sie fürchten, sie könnten sich blamieren, abgelehnt, isoliert werden, weil sie die Erfahrung gemacht haben, dass viele sich an die Mehrheit anpassen, an Leute, die auslachen, pfeifen, klatschen – nicht, weil sie so empfänden, sondern weil sie in der Masse eingebunden und geschützt sein wollen. Wie schädlich dies für eine demokratische Entwicklung ist, brauche ich nicht auszuführen.

Meine Erfahrungen mit dem Verhalten von Schülern habe ich in ca. fünfundzwanzig Jahren Schuldienst als Berufsschullehrer gesammelt und während einer mehr als zwanzigjährigen Tätigkeit als Ausbilder mit Referendaren analysiert und diskutiert. Den neuesten Stand meiner Erkenntnisse will ich auf den folgenden Seiten zusammenstellen. Der Schwerpunkt soll dabei auf Verwendbarkeit in der Schule liegen, keinesfalls auf wissenschaftlicher Theorie. (Viele Ergebnisse der pädagogischen Psychologie auf diesem Gebiet sind schon Jahrzehnte alt, ohne dass sie nennenswerten Einfluss auf die Gestaltung der Unterrichtstätigkeit des Lehrers genommen hätten!)

Um die Problematik fasslich und in angemessener Kürze darstellen zu können, verwende ich teilweise stark vereinfachte Modelle, die dennoch geeignet sind, die Zusammenhänge zu beleuchten. Außerdem beschränke ich mich in Beispielen (meist) auf meine „typischen" Klassen, die ich unterrichtete: Das sind sechzehn- bis zwanzigjährige männliche Jugendliche, Auszubildende in einem elektrotechnischen Beruf, häufig Elektroinstallateure, die Hauptschulabschluss oder Mittlere Reife haben. (Weil ich vorrangig „meine" Schüler vor Augen habe, verwende ich überwiegend die maskuline Form: *der* Schüler, *der* Lehrer, *der* Außenseiter etc.) Die Verhaltensweisen von zum Beispiel Sechsjährigen, von reinen Mädchenklassen oder von Abiturienten werden sich in ihrer Ausprägung z. B. wegen der unterschiedlichen Rollenerwartungen zum Teil sehr von meinen Beispielen unterscheiden, doch die dahinter stehenden Grundprinzipien sind gleich und leicht auf andere Gruppen zu übertragen.

12

Viele Erkenntnisse über Wirkungsmechanismen in Kleingruppen entstammen Untersuchungen über das Verhalten von politisch-gesellschaftlichen Mehrheiten gegenüber (unterdrückten) Minderheiten. Deshalb will ich dort, wo es sich anbietet, die Entsprechung von Sozialverhalten in Schulklassen mit (ständig aktuellen) Problemen im gesellschaftspolitischen Bereich aufzeigen.

Grundlagen

1 Einführung in die Problematik

Frühe Erfahrungen, wie Außenseiter in der Gruppe zu behandeln sind, können Kinder schon im Kindergarten sammeln:

Die Kinder spielen, warm angezogen, im Garten. Plötzlich reißt ein Mädchen einem dicklichen Jungen, von seiner Mutter zärtlich „Mopsi" genannt, die Mütze vom Kopf. Johlend rennt sie mit ihrer Beute davon, Mopsi schreiend hinterher. Als er sie fast erreicht hat, wirft sie die Mütze einem anderen Kind zu. Mopsi ändert die Richtung, stürzt seiner Mütze nach, die von einem zum anderen Kind wechselt. Irgendwann stellt einer noch ein Bein, Mopsi fällt hin, weint, während sich die Kinder vor Lachen biegen. Eine Erzieherin bemerkt den Vorfall und greift ein, indem sie Mopsi tröstet, ihm die Mütze zurückgibt und mit den anderen Kindern schimpft.

Hierbei lernen die Kinder, ohne dass es ihnen zu Bewusstsein kommt,

1. dass es ungemein Spaß macht, einen anderen zu piesacken,
2. dass man dadurch in der Gruppe gut zusammenhält,
3. dass die Sanktionen für dieses Verhalten nicht gravierend sind,
4. dass man aber auf gar keinen Fall selbst in die Rolle des Außenseiters geraten darf.

Diese frühen Erfahrungen und Einstellungen werden auch in späteren Gruppen (vor allem der Schulklasse) bestätigt. Unter der Voraussetzung, dass ein solcher

14

Psychoterror von der Mehrheit einer Gruppe ständig und über einen längeren Zeitraum immer gegen dieselbe Person (u. U. auch zwei oder drei) ausgeübt wird, spricht man am Arbeitsplatz von „Mobbing" (von Mob = Pöbel). Doch kann dieser Begriff ohne weiteres auch auf Schulklassen angewandt werden. Die dabei auftretenden Besonderheiten werden im Folgenden ausgeführt. Zum Teil wird auch das Agieren des Vorgesetzten gegen einen Untergebenen mit dem gleichen Begriff belegt, was dem Wortsinn jedoch widerspricht (Mob = eine größere Zahl von Personen, eben der Pöbel). Die Benachteiligung, Kränkung, Niederdrückung einzelner Schüler durch den Lehrer, was der Person des Vorgesetzten im Berufsleben entspräche, ist ebenfalls ein wichtiges Thema, aber unter anderen Gesichtspunkten zu sehen und zu behandeln, wohingegen es hier in unserer Darstellung um Gruppenverhalten geht.

Wichtig ist, dass mit „Mobbing" nur die lange anhaltende (mindestens über mehrere Monate anhaltende) Ausgrenzung Einzelner von der Mehrheit bezeichnet wird. Ein Konflikt zwischen zwei Schülern – sei die Animosität auch von Dauer – ist nicht damit gemeint; auch nicht, wenn zeitlich begrenzt alle auf einer Person herumhacken, weil sie zum Beispiel durch einen „vergeigten" Elfmeter die Schuld dafür trägt, dass die Klasse das Fußballspiel gegen die Parallelklasse verloren hat. Erst die dauerhafte Erniedrigung immer wieder desselben Schülers durch eine größere Mehrzahl von Gruppenmitgliedern, das soll mit Mobbing bezeichnet werden.

Von denen, die den Psychoterror ausüben, sind meist keine Schuldgefühle zu erwarten. Denn Mobbing scheint ein alltägliches Verhalten zu sein, das man überall beobachten kann und an dem kaum jemand etwas auszusetzen hat. Es wird in der trivialen Unterhaltungsliteratur ja häufig positiv dargestellt, um die Zuschauer im Kino oder vor dem Fernseher oder die Leser zu amüsieren (natürlich ohne den Begriff Mobbing): Die Opfer des Mobbing werden als Personen gekennzeichnet, die sich unerträglich anbiedern, maßlos aufschneiden, tolpatschig in jedes Fettnäpfchen treten oder sich als widerliche Streber erweisen. Das ihnen vom Autor zugedachte Schicksal gebührt ihnen daher scheinbar zu Recht und erfreut das Publikum. Sind es nicht Millionen von Lesern (und keineswegs ungebildetem Mob!), die in den Comic-Serien „Asterix" erleben und niemals Anstoß daran nehmen, wie der Sänger „Troubadix" geschlagen, gefesselt und geknebelt wird? „Was muss er sich auch so aufdrängen mit seinem unerträglichen Singen und Spielen!", würden sie vielleicht sagen, wenn man ihnen vorhielte, sie erfreuten sich an Quälereien. (Und außerdem macht es Troubadix anscheinend nichts aus, denn er zeigt keine Angst, Niedergeschlagenheit, Verzweiflung!) Dies wird offensichtlich als lustig empfunden, denn kaum ein Asterix-Heft verzichtet darauf: Die Leser wollen es (und kaufen es).

Mancher, der sich aus der Position des Außenseiters befreien konnte (meist, weil er in einer neuen Gruppe neue Chancen bekam), zeigt keineswegs Mitgefühl, wie man vielleicht vermuten könnte, sondern will es nun auch einmal auskosten, in der Position des Überlegenen zu sein. Die Möglichkeit, der Rolle zu entkommen, meint manches der ehemaligen Opfer, hat schließlich jeder, wie sein eigenes Beispiel zu beweisen scheint.

Mobbingtäter, die auf ihr Handeln angesprochen werden, zeigen oftmals keine Eigenverantwortlichkeit: Die anderen machen es doch auch so, keiner findet es schlimm, argumentieren sie. Das Opfer selbst zeigt nach außen hin häufig keine Verletzungen, sondern produziert im Gegenteil gerade die Verhaltensweisen weiter, die von der Mehrheit ständig zum Anlass für Schikanen genommen werden.

Warum muss der als „Angeber" Gekennzeichnete immer weiter prahlen? Kann der „Schleimer" nicht mit seiner Anbiederei aufhören? usw. Die Gruppe erkennt nicht, dass der Betroffene um Anerkennung kämpft. Der Abwertung durch die anderen stellt er z. B. Vorzüge entgegen. („Ihr mögt mich nicht, aber ich habe doch ..., ich kann doch ...") Leider ist es eine ungeeignete Reaktion, die die Ausgrenzung noch verstärkt, das Urteil („ein unerträglicher Prahlhans") der anderen bestätigt. Dies erkennt der Gemobbte aber nicht von allein, so dass er unflexibel immer wieder mit den gleichen ungünstigen Reaktionen aufwartet. Selbst wenn das Opfer zu gravierenden Verhaltensänderungen in der Lage ist, wird dies oft von der Mehrheit nicht akzeptiert, sondern es wird wieder in seine alte Rolle gedrängt, die für den Zusammenhalt der Gruppe so nützlich ist (mehr davon später). Wie groß das seelische Leiden der Betroffenen ist, welche schlimmen Beeinträchtigungen psychischer und physischer Art Mobbing nach sich ziehen kann (über anhaltende Ängste und psychosomatische Erkrankungen bis hin zum Suizid), wissen die Verursacher nicht – und wollen es auch nicht wissen, obwohl es durchaus jeder wissen könnte.

Dass es in Gruppen, vor allem in Zwangsgruppen wie Schulklassen, aus denen die Mitglieder nicht einfach wie aus dem Sportverein austreten können, Hierarchien gibt, ist eine tagtägliche Erfahrung. Es wird von den meisten Leuten fast als Naturgesetz betrachtet.

Das ist es aber nicht, und es ist schon gar nicht erstrebenswert. Besser wäre es, wenn ein Sozialklima herrschte, in dem alle akzeptiert werden, wie sie sind, in dem sich jeder wohl fühlen kann. Doch eher realisierbar erscheint mir für den derzeitigen Schulalltag als erster Schritt, auf dem weitere zur Mobbingprävention aufbauen sollten, das Ziel, denen zu helfen, denen es in der Schulklasse am schlechtesten geht: den Gemobbten, den Mobbingopfern, den Außenseitern.

Vermutlich gibt es parallel zu den gesellschaftlich anwachsenden Frustrationen und sich daraus entwickelnden Aggressionen auch eine Zunahme an Mobbingverhalten als Ventil, angestaute Aggressivität an wehrlosen Opfern gefahrlos abzulassen, ohne dass dadurch, wie wir wissen, die Aggression tatsächlich abgebaut würde.

Kränkungen, Misserfolge, Frustrationen erzeugen Angst oder Wut und verlangen nach einer erlösenden Reaktion. Diejenigen, die eigentlich die Schuld an jenen negativen Gefühlen tragen, sind oft nicht zu belangen, sind nicht bekannt und bewusst als Verursacher oder sitzen am längeren Hebel. Die Mobbingopfer bieten sich da geradezu an: Die Schwächsten in der Gruppe niederzumachen, das bringt den Aggressionsgeladenen für einen Moment Erleichterung, ohne dass ihnen Nachteile drohen.

Doch nicht nur Aggression und Angst, auch Eintönigkeit und Langeweile, der Wunsch nach Amüsement oder das Streben, sich vor anderen zu profilieren, kann eine Ursache für Mobbingverhalten sein.

Die Auswirkungen haben aber immer die Einzelnen zu tragen: Psychosomatische Krankheitsbilder wie zum Beispiel Magen- und Darmerkrankungen, Migräne, Muskelverspannung, Abwehrschwäche gegen Infektionen sind allgemein in der Medizin anerkannt, aber im Einzelfall ist die Ursache selten mit Sicherheit zu bestimmen.

2 Ein einfaches Modell der Gruppe

Um zu erkennen, wie Mobbing entsteht, ist es notwendig, Gruppenprozesse zu betrachten. Ich will nicht auf die verschiedenen Arten von Gruppen und Theorien eingehen. Für die Praxis des Schulalltags kommen wir damit aus, die Hierarchie der Klasse dreifach zu unterteilen:

- der oder die Gruppenführer, die bestimmen und Normen setzen,
- die Schar der Mitläufer, die den Großteil der Gruppe bildet,
- der oder die Außenseiter, die ständig Opfer von „Späßen" oder Aggression sind.

Diese sehr grobe Einteilung mag vielleicht irritieren. Doch ich habe die Erfahrung gemacht, dass diese eher holzschnittartige Charakterisierung zu mehr Einsichten verhelfen kann als sehr differenzierte Betrachtungsweisen, die dann wegen ihrer vielen Zwischentöne das Wesentliche oft nicht deutlich hervortreten lassen.

Zwar macht die tatsächliche Ausgestaltung der Rolle es zum Teil schwer, sie zu erkennen, doch ändert das nichts Grundlegendes am Verhalten. Mancher „Mitläufer" zum Beispiel wird sich als selbstsichere und autonome Persönlichkeit darstellen. Doch wenn es um das Verhalten gegenüber dem Außenseiter geht, ordnet er sich dem Gruppenzwang unter, was durch die Art seiner Selbstdarstellung nicht leicht zu durchschauen ist: Wer so souverän auftritt, kann doch nicht einfach nur ein Mitläufer sein. Doch wenn man genau hinschaut, erkennt man seine Selbstdarstellung als bloßes Psychodesign, seine tatsächlichen Handlungen verraten den Mitläufer.

Oder manche Gruppenführer erscheinen in der Unterrichtssituation sehr unauffällig, ihre Position zeigt sich fast nur außerhalb des Klassenraumes deutlich, wirkt aber unter der Oberfläche durchaus auch während der Schulstunde. Es gibt ausgeprägte Rituale, wie Gruppenführer Aufsässigkeit gegen sie scheinbar zulassen. Dahinter steckt oft ein unausgesprochener und auch nicht bewusster Deal: Ich als „Chef" lasse dir diesen Bereich deiner Selbstdarstellung, aber dafür ordnest du dich in entscheidenden Fragen mir unter und verteidigst meine Position. Damit wird die Stellung des Mitläufers erträglich und die Rangfolge der Hierarchie gesichert.

Es macht zum Beispiel auch einen Unterschied im Rollenverhalten aus, ob jemand als Mitläufer in der Hierarchie weit oben steht und von Zeit zu Zeit versucht, in die Rolle eines Gruppenführers zu schlüpfen, oder weiter unten und in der Gefahr ist, selbst zum Mobbingopfer zu werden. Dennoch halte ich es für aussagekräftiger, hier mit Verallgemeinerungen zu arbeiten und erst im konkreten Fall zu differenzieren.

Es gibt bei diesem Modell Probleme und Fragen, auf die ich entweder später ausführlich eingehen will und jetzt nur eine vorläufige Antwort gebe oder aber die für unser Thema weniger von Bedeutung sind und die ich deshalb hier nur kursorisch streifen möchte:

Woran erkennt man, wer welche Rolle einnimmt?

In manchen Klassen wird das unmittelbar in kürzester Zeit deutlich, wenn viele ständig den gleichen Mitschüler beschimpfen, abwerten, lächerlich machen. Oft ist aber nichts dergleichen zu bemerken. Der Umgang miteinander scheint sachlich zu sein. Ob es auch hier Mobbingopfer gibt, ist nicht auf den ersten Blick zu erkennen. Auch ist für den Lehrer in der Klasse häufig nicht mit einfach teilnehmender Beobachtung eine Hierarchie unter den Schülern festzustellen, sondern es bedarf besonderer Hilfsmittel zu einer Diagnose der Gruppenstruktur, die ich später darstellen werde.

Gibt es nicht fließende Übergänge zwischen den einzelnen Kategorien (Führer – Mitläufer, Mitläufer – Außenseiter)?

Diese sind möglich, doch scheinen sie mir unter dem Gesichtspunkt des Mobbing weniger von Bedeutung zu sein.

Ist die Bezeichnung „Mitläufer" nicht ein recht negativer Begriff, der eine Voreingenommenheit beinhaltet?

Ich wende diesen Begriff nur hier im Text für das Verhalten der Gruppe gegenüber den Außenseitern an, wobei er sich, wie sich noch zeigen wird, als treffend erweist. In der Diskussion mit Schülern empfiehlt es sich meist, dieses Wort zu vermeiden, um nicht unnötige Sperren aufzubauen: Denn ihr eigenes Mitläuferverhalten beschreiben die Schüler im offenen Gespräch durchaus korrekt, ohne sich selbst mit dem negativen Wort „Mitläufer" zu charakterisieren. Auch ohne diesen Begriff kann man als Lehrer an der Gruppensituation arbeiten. Die Schüler wollen als eigenständige Persönlichkeiten gesehen werden. Wenn man sie nun unbedingt als „Mit"läufer bezeichnen will, kränkt man sie unter Umständen und eröffnet damit nur unnötige Diskussionen, die uns dem eigentlichen Ziel, Mobbingverhalten abzubauen, nicht näher bringen. (In der Literatur zum Mobbing in der Arbeitswelt wird übrigens von „Ermöglichern" gesprochen.)

Wie wird jemand Gruppenführer?

Das ist eine Frage, die auch die Schüler brennend interessiert, vor allem unter dem Aspekt: Wie werde *ich* Gruppenführer. Zwar gibt es eine ganze Reihe von Untersuchungen, die aufzeigen, welche Eigenschaften (charismatische) Gruppenführer haben, worin sie sich von der Gruppe unterscheiden und inwieweit sie mit ihr übereinstimmen, welche Verhaltensweisen sie an den Tag legen usw. Doch konkrete und zuverlässige Anweisungen, was zu tun oder zu lassen sei, damit man als Gruppenführer anerkannt werde, gibt es nicht, kann es nicht geben, weil dies sehr gruppenabhängig ist: Was in einer Gruppe enorm bewundert wird, ist in einer anderen u. U. verachtungswürdig.

Sind die Positionen innerhalb der Gruppe stabil?

Zwar gibt es Veränderungen, doch nicht häufig. Meist sind die Positionen relativ stabil, denn die einmal gewonnene Hierarchie in der Klasse gibt Sicherheit und schützt vor ständigen (nervenaufreibenden) Machtkämpfen. Die Gruppenführer sind froh, diese Position innezuhaben, die Mitläufer sind zufrieden, dass sie dann und wann ihren Spaß haben und nicht selber gemobbt werden, das Opfer selbst hat nicht die Kraft, die Gruppenstruktur zu ändern. Dennoch kann sich die Hierarchie durchaus grundlegend wandeln, wenn sich neue Umstände ergeben.

Gibt es nicht in jeder Schulklasse solche Hierarchien?

Deutliche Rangunterschiede habe ich bisher noch in jeder Klasse festgestellt, wenngleich damit keineswegs immer der Tatbestand Mobbing erfüllt sein muss. Ich will das an einem Beispiel deutlich werden lassen:

Ich ging auf einer Klassenfahrt mit einer Fachoberschulklasse in einer den Schülern nicht vertrauten Stadt vom Bahnhof zum Museum. Unter den Jugendlichen herrschte ein sehr freundlicher Umgangston. Gruppenführer oder Außenseiter waren nicht auszumachen. Plötzlich blieb die Gruppe, inmitten derer ich mich befand, stehen, ohne dass ich die Ursache erkennen konnte. „Der Steffen holt sich nur schnell in der Bäckerei ein paar Stückchen." Steffen war weiter hinten gegangen, so dass ich es nicht bemerkt hatte.

Wenig später ging Frank vor allen und für alle sichtbar auf die andere Straßenseite, um sich am Kiosk etwas zu kaufen. Ich musste die Klasse, die nicht reagierte und im Begriff war, um die Ecke zu biegen, bitten anzuhalten und auf Frank zu warten, da nicht sicher war, ob er den Weg zum Museum wusste. Die Schüler blieben, ohne Unmut zu zeigen, stehen.

Im späteren Gespräch mit Frank stellte sich heraus, dass er sich als Außenseiter fühlte. Zwar war niemand offen unfreundlich zu ihm, doch würde er als Einziger, wie er meinte, nie zu privaten Treffen eingeladen und auf seine Vorschläge und Diskussionsbeiträge würde kaum eingegangen. Ich beobachtete jedoch, dass er keineswegs isoliert wurde, aber auch nicht die Anerkennung erhielt, die er sich wünschte. Aber er wurde nicht beleidigt, nicht lächerlich gemacht und auch nicht bei der Gruppenarbeit innerhalb der Klasse ausgeschlossen. Von Mobbing konnte in dieser Klasse sicherlich nicht die Rede sein, aber eine soziale Hierarchie zeigte sich durchaus. Zufrieden war Frank mit seiner Position in der Klasse keinesfalls. Doch niemand schadete ihm bewusst und absichtlich. Sein stark ausgeprägter Egozentrismus veranlasste die anderen, ihm aus dem Wege zu gehen. Als ihm dies zu Bewusstsein gelangte, konnte er sich mehr zurücknehmen und wurde daraufhin auch besser in die Gruppe eingebunden.

3 Außenseiter oder Einzelgänger?

Während in der Literatur manchmal auch solche Arbeitnehmer als Mobbingopfer bezeichnet werden, die z. B. vom Chef (also einer einzelnen Person) terrorisiert werden, oder sogar ein Vorgesetzter, der von seinen Untergebenen gemobbt wird, will ich hier den Begriff „Mobbing" nur auf einzelne Schüler anwenden, die von der Mehrheit der Klasse (mehr oder weniger) gequält werden. Ich nenne sie Außenseiter. Nicht gemeint sind damit solche Jugendliche, die ich zur besseren Unterscheidung als Einzelgänger bezeichnen möchte: Sie stehen in der Klasse allein, am Rande, entweder mit voller Absicht oder auch ungewollt, aber sie werden von den anderen in ihrer Position respektiert oder zumindest in Ruhe gelassen. Auch wenn sie damit nicht zufrieden sein sollten, so sind sie doch keinesfalls Mobbingopfer.

4 Außenseiter leiden

Das müsste eigentlich aufgrund seiner eigenen Erfahrungen als Schüler jeder wissen, ob er nun selbst Opfer, Täter oder nur Zuschauer war. Doch wird Mobbing in der Schule bisher nur selten angemessen beachtet. Für die Medien ist es vor allem dann interessant, wenn brutale Gewalt im Spiel ist. Wenn jedoch nicht von spektakulären Schlägereien, Messerstechereien oder Ähnlichem berichtet werden kann, ist Mobbing in der Schule kein Thema, wohl aber Mobbing in der Wirtschaft. Reportagen der Zeitungen und Magazine über Psychoterror in den Betrieben, Berichte von Selbsthilfegruppen und Kliniken für Mobbingopfer haben deren

Leiden deutlich mehr ins öffentliche Bewusstsein gehoben. Dass die Situationen am Arbeitsplatz und in der Schule sehr ähnlich sind, liegt eigentlich auf der Hand.

In der Literatur über Mobbing am Arbeitsplatz wird ausführlich über die verschiedenen Arten des Terrors berichtet. Ich halte es an dieser Stelle nicht für erforderlich, eine vollständige Aufzählung und Katalogisierung vorzunehmen, sondern will mich auf wenige Beispiele beschränken.

Weit verbreitet ist die Herabsetzung der Person. Der Gemobbte wird je nach Gegebenheit als dumm, lächerlich, widerlich, feige usw. charakterisiert. In manchen Klassen werden diese Beleidigungen in der Gegenwart des Lehrers offen ausgesprochen, bis er es untersagt. In anderen Gruppen läuft die Feindseligkeit subtiler ab, so dass es ein Außenstehender nicht leicht registrieren kann.

In der Berufsschulklasse, die neu zusammenkommt, wird gewartet, bis der am Rande Stehende sich eine Blöße gibt, manchmal werden ihm Streiche gespielt, die sich übel auswirken können, vom Verstecken des Taschenrechners vor der Mathematikarbeit bis zum Lockern der Radmuttern am Auto. Gefährdung und körperliche Misshandlung sind eher selten, kommen jedoch vor. Schüler berichten mir zum Beispiel vom „Bäumeln": Sie packen einen an allen Vieren, tragen ihn waagerecht mit gespreizten Beinen und rennen dann auf einen Baum im Schulhof zu; der das rechte Bein von ihm hat rechts, der mit dem linken Bein links am Baum vorbei. Die Schmerzen des Gequälten scheinen die anderen ungemein zu erfreuen. – Weitaus häufiger ist jedoch das Erniedrigen, Blamieren, Aus-der-Gemeinschaft-Ausschließen.

Wenn ich als Ausbilder in die Klasse der Referendare kam, erkundigte ich mich auch nach Jugendlichen, die im Anwesenheitsverzeichnis der Klassenbücher folgendermaßen auffielen: zwei Wochen krank, drei Tage anwesend, ein Tag krank, vier Tage da, drei nicht da … (Häufige oder keine Fehlzeiten sind nur ein Hinweis und dürfen keinesfalls als Beweis gesehen werden, dass jemand ein Mobbingopfer sei!)

Meist schilderten mir die Referendare diese Schüler als schwierige Persönlichkeiten in einer Außenseiterposition. Sie zum kontinuierlichen Schulbesuch anzuhalten oder disziplinarische Maßnahmen anzudrohen oder gar auszuführen, habe keinen oder keinen andauernden Erfolg gezeigt.

Schon wegen der hohen Fehlzeiten konnte in den meisten Fällen kaum von gutem Lernerfolg die Rede sein. In Gesprächen war festzustellen: Sie wollten eigentlich lernen, kamen deswegen (nicht nur deswegen) zur Schule, hielten aber ihre Situation in der Klasse nicht lange aus und täuschten darum eine Krankheit vor oder erkrankten tatsächlich. Kopfschmerzen, Übelkeit, Gastritis sind typisch, werden von Mitschülern und Lehrern aber oft als vorgeschoben angesehen. Psychische Erkrankungen werden von den betroffenen Schülern häufig selbst nicht erkannt – genauso wenig wie von anderen.

Von den Mobbingopfern im Betrieb ist mittlerweile bekannt, wie schwerwiegend die Erkrankungen in physischer wie psychischer Hinsicht sein können. Krankenkassen bewilligen speziell dafür Therapien (bei Arbeitnehmern!).

Bei den Erwachsenen im Betrieb, die über Jahre hinweg gemobbt werden, werden psychische und physische Erkrankungen diagnostiziert. Angst, Depression und Paranoia, Kopfschmerzen, Entzündungen im Magen-Darm-Bereich, Muskelverspannungen und Steigerung der Infektionsanfälligkeit: Krankheiten als Mobbingfolgen, die in der Wirtschaft einen jährlichen Schaden von vielen Millionen Mark anrichten.

Die Krankheitsbilder der Kinder und Jugendlichen werden sich nicht wesentlich unterscheiden, nur von den Kosten ist bisher nichts zu lesen, obwohl unzählige (vom Staat bezahlte) Unterrichtsstunden vergeudet werden, weil die Klasse die ganze Konzentration auf Gruppenprobleme verwendet, dem eigentlichen Inhalt der Stunden wenig Aufmerksamkeit schenkt und sich nur geringfügig dem widmet, worin der Lehrer seine Hauptaufgabe sieht. Deshalb gibt es häufige Wiederholungen des gleichen Stoffes und viel zu viele Schulversager, die das Vorankommen auch der erfolgreicheren Mitschüler sehr beeinträchtigen. Wie viel Arbeitsstunden, Energie und Nervenkraft von Lehrern könnten eingespart werden, gäbe es weniger von solchen Kämpfen um die Gruppenstruktur.

Für die Schüler, könnte man vielleicht entgegenhalten, sei die Situation an der Schule nicht so bedrückend wie für die Mobbingopfer im Beruf, weil die Unterrichtszeit kürzer und die Ferien länger seien, ein Ende der Schulzeit abzusehen sei. Doch ist gerade für Jugendliche und ältere Kinder in der Entwicklungsphase kurz vor und während der Pubertät der Einfluss der *Peergroup*, die Anerkennung von Gleichaltrigen, die Zugehörigkeit zu dieser Gruppe und ihr Schutz bei der Ablösung von den Eltern überaus wichtig. Durch eine Außenseiterposition wird dieser Austausch mit anderen sehr behindert, die Entwicklung hin zum selbstbewussten Erwachsenen erschwert. Wenn eine Mehrheit beständig und über längere Zeiträume hinweg einem Einzelnen vermittelt, er sei unbeliebt, ja verabscheuungswürdig, wie soll er da ein positives Selbstwertgefühl entwickeln und zu einem autonomen Erwachsenen werden?

Exkurs in die Entwicklungspsychologie

Bei der Entwicklung des Kindes von der Abhängigkeit von den Eltern hin zur selbstständigen Erwachsenenpersönlichkeit werden in vielen Bereichen verschiedene Phasen durchlaufen, die das jeweilige Verhalten in der Gruppe maßgeblich bestimmen, Eltern und Lehrkräften aber keineswegs immer bewusst sind.

Ich will hier nur die Veränderung der Einstellung zur Mann-Frau-Partnerschaft im Umfeld der Pubertät darstellen. Zu Beginn herrscht die Ausrichtung auf das eigene Geschlecht vor. Der Junge will von den gleichaltrigen Jungen, das Mädchen von den Freundinnen die Bestätigung erhalten, dass körperliche Veränderungen, die zurzeit ablaufen, bei den anderen auch so sind, also normal und nicht beängstigend sind. Das Gleiche gilt für den seelischen Bereich. Die Jugendlichen erfahren, dass die eigenen Einstellungen, z. B. zum anderen Geschlecht, zu Schule, Freizeitverhalten, keine Ausnahme sind, sondern von der Peergroup akzeptiert, geduldet und gefordert werden. Die Bestätigung, was richtig oder falsch ist, ob man selbst „okay" ist, erfolgt immer weniger von den Eltern und Lehrkräften, immer mehr durch die Gleichaltrigengruppe. Zwar haben die Erwachsenen diese Phasen auch durchlaufen und könnten von daher Rat geben, doch auf der Gefühlsebene sind sie weit von den Kindern und Jugendlichen entfernt. Die Anspannung des Jungen, wenn ein bestimmtes Mädchen den Raum betritt, sein Erröten, sein hilfloses Agieren, seine albernen oder peinlichen Bemerkungen, sein vorgeschobenes und leicht durchschaubares Desinteresse, das können die Eltern nur vom Verstand her nachvollziehen, die gleichaltrigen Jungen durchleben es aktuell. Deshalb sind die Aufnahme in die Gruppe der Gleichaltrigen und damit zugleich die Übernahme ihrer Normen und Verhaltensweisen, die Anerkennung durch die Peergroup ungleich wichtiger, was viele Eltern und Lehrkräfte nur schmerzhaft zur Kenntnis nehmen.

Auch in der nächsten Phase, der „diffusen Ausrichtung auf das andere Geschlecht", ist die Gruppe noch bestimmend. Die Gemeinschaft der Jungen legt fest, wie ein Mädchen sein müsste, was gut, richtig, schön ist und was nicht. Sie stellt Mutmaßungen auf, was Mädchen denken, fühlen, wollen. Umgekehrt gilt das Gleiche für die peer group der Mädchen. Auch hier sind der Schutz und die Richtliniengebung durch die Gleichaltrigen bedeutsamer als die Moral, Lebensweisheit und Abgehobenheit der Erwachsenen.

In den nächsten drei Phasen, die ich nur erwähnen will, ist der Einfluss der Gruppe von geringerer Bedeutung, aber keineswegs bedeutungslos. Die beiden ersten Phasen „Ausrichtung auf das eigene Geschlecht" und „diffuse Ausrichtung auf das andere Geschlecht" wirken weiter und gehen keineswegs auf null zurück. Wie groß ihr Gewicht noch ist, kann nicht allgemein gesagt werden, weil die individuellen Unterschiede sehr groß sind. Die folgenden Phasen lauten „Suche nach dem ähnlichen Partner", „Suche nach dem idealen Partner" und „Akzeptanz des realen Partners". Wie stark die Ausprägungen der einzelnen Phasen im konkreten Falle sind (und ob sie überhaupt erreicht werden), kann nicht vorhergesagt werden, da es sich bei dem Beschriebenen nur um eine allgemeine Regel handelt, die individuell nicht immer zutrifft.

Bei dieser Betrachtung wird deutlich, welch große Einschränkung und Behinderung es auf dem Weg zum Erwachsenwerden bedeutet, wenn ein Kind, ein Jugendlicher von der Peergroup abgelehnt und ausgeschlossen wird.

5 Familie und Freunde des Mobbingopfers

Diese gravierende Bedeutung mit weit in die Zukunft reichenden Wirkungen wird von der Familie und den anderen Bekannten oft nicht richtig eingeschätzt. Hinzu kommt noch die Tatsache, dass ein Schüler zu Hause das Mobbingverhalten der Klasse kaum angemessen schildern kann, so dass den Eltern der Ernst der Lage nicht wirklich bewusst wird.

Häufige Reaktion von Eltern: Mal die Tasche versteckt … – ein Scherz! Mal beim Lehrer angeschwärzt … – So sind halt die Schüler! Mal ausgelacht … – Mein Gott, bist du empfindlich! Das ist doch nichts Schlimmes!

Noch schwieriger ist es für den Schüler, seine Lage zu beschreiben, wenn er einfach nur ignoriert wird, wenn ihm die anderen aus dem Weg gehen, sich bei seinen Äußerungen nur viel sagende Blicke zuwerfen, gelangweilt oder genervt reagieren, wenn er versucht, Anschluss und Anerkennung zu finden. Oder wenn sie Informationen nicht weitergeben: Alle wussten, dass heute der Unterricht um eine Stunde vorverlegt wurde, nur einer nicht. „Typisch!", ruft die Klasse – und schiebt ihm die Schuld zu.

Jedes Detail für sich ist belanglos, die Summe dieser Details aber erst trifft ins Mark, und diese Not ist schwer darstellbar. Vor allem dann, wenn der Schüler eine „große Klappe" hat, auch der Familie oftmals auf die Nerven geht: „Dann verhalte dich doch auch anders!" Aber wie? Er kämpft doch, kämpft jeden Tag, voll von Angst, die ihm die Sicht auf die Realität verstellt und damit adäquates Verhalten verhindert, voll von Wut und Enttäuschung, die ihm die Kontrolle über seine Handlungsweisen entziehen.

Lars zum Beispiel wird in der Klasse als Angeber gemieden. Um endlich Anerkennung zu finden, erzählt er – genau wie seine Mutter – ständig von den teuren Urlaubsreisen der Familie. Da er sein Verhalten nicht aus der Distanz betrachten kann, fällt ihm nichts anderes ein. Die Eisenbahnfahrt quer durch Australien war doch toll! Das müssen die anderen mit ihrem billigen Mallorca-Urlaub doch akzeptieren! Was hätte er denn sonst? Die Kritik der Klassenkameraden deutet er als Neid, einem Muster, zu dem auch seine Familie neigt. Wieso prahle ich? denkt er. Es ist doch alles wahr. Ich kann die Videoaufnahmen vorzeigen.

Auch hat mancher Elternteil früher vielleicht ähnliche Erfahrungen gemacht, so dass ihm unter Umständen lebenslange Ängste gewachsen sind und er unfähig zu einer angemessenen Beratung seines Kindes ist. Entweder kann er nichts davon hören, weil die alten Gefühle einer narzisstischen Kränkung wieder an die Oberfläche zu treten drohen, oder er gibt Ratschläge, die früher in seiner Situation vielleicht (aber auch nur „vielleicht") geholfen hätten, jetzt für sein Kind aber in dieser Situation unangemessen, wenn nicht gar verhängnisvoll sein können: „Lass dir nichts gefallen!" „Zeig' denen, wer du bist!" „Geh' diesen primitiven Mitschülern aus dem Weg!" „Sofort dem Lehrer melden."

Entweder folgt der Schüler dem Rat der Eltern und verschlechtert seine Position dadurch noch, oder ihm wird klar, wie inkompetent seine Eltern sind, und er wird ihnen nichts mehr von Belang erzählen, damit er nicht zusätzlich von den Eltern mit Forderungen unter Druck gesetzt wird, die er doch nicht erfüllen kann.

Das ständige Unverständnis zu Hause, das Gefühl, mit seinen Sorgen und Ängsten nicht angenommen zu werden, kann dazu führen, dass der Schüler sich auch in diesem Raum, der ihm bisher Schutz gab, nicht mehr geborgen fühlt und dadurch seine Situation nochmals schlimmer wird.

Das Erste, was Eltern tun können, ist, ein ausführliches Gespräch mit der Tochter oder dem Sohn zu suchen. Doch das kann sich schwierig gestalten, weil sich das Kind eventuell nicht öffnet aufgrund früherer Erfahrungen mit Vater oder Mutter und sie keine Kenntnisse in Gesprächsführung besitzen.

Eltern, die den Dingen auf den Grund gehen möchten, aber nicht wissen, wie sie an ihr Kind herankommen sollen, sei das Buch „Familienkonferenz" von Thomas Gordon empfohlen. Er beschreibt in dem Buch nachvollziehbar Methoden, wie die Kommunikation wieder in Gang gebracht werden kann. Die Umsetzung ist allerdings nicht ganz einfach. In manchen Städten gibt es auch Volkshochschulkurse zum Elterntraining nach Gordons Methode.

In gravierenden Fällen ist es jedoch besser, auf fachliche Hilfe zurückzugreifen, wie sie die kommunalen, kirchlichen und andere Beratungsstellen anbieten. Damit das eigene Kind keinen psychisch schweren Schaden nimmt, müsste jeder Vater, jede Mutter die eventuell vorhandenen Ängste, eine solche Institution aufzusuchen, überwinden. Je früher das Problem angegangen wird, umso leichter ist zu therapieren.

Außer der Familie kann auch der private Freundeskreis außerhalb der Schulklasse die Unterstützung entziehen, wenn bemerkt wird, dass ein Mitglied in anderen Gruppen auffällig und randständig ist. Mit „Losern" will keiner etwas zu tun haben, sie werden gemieden wie Aussätzige. Und wer sich unter Umständen aufgrund des Dauerstresses in der Schule auch in der Freizeit anders verhält, plötzlich mehr Anerkennung sucht, empfindlicher geworden ist, kann als Freund weniger geben. Damit droht manchmal – keineswegs zwangsläufig – obendrein die Isolation von der Gruppe, die bisher

Geborgenheit und Selbstbestätigung gewährte. Denn die Gründe für sein verändertes Verhalten bleiben im Dunkeln, werden nicht verstanden und rufen somit auch kein Mitgefühl hervor. Die Erkenntnis, dass jemand gemobbt wird, ruft leider eher Distanzierung als Solidarität hervor.

Nicht nur die Außenseiter, die erkennbar aus der Klasse flüchten, leiden unter ihrer Situation. „Der Streber", „das Mauerblümchen", „der Schleimer", „der Angeber", „der Klassenclown" (Erläuterungen später), sie kommen jeden Tag, erfüllen ihre Schulpflicht, bringen u. U. bisweilen sehr gute Ergebnisse in den Klassenarbeiten – aber in einem Gespräch, in dem sie sich öffnen können, erzählen sie von ihrem Leiden, ihrer Frustration, ihrer Angst, ihrer Depression. Keiner soll wissen, dass es sie große Überwindung kostet, in die Schule zu kommen, manchmal mit gesundheitlichen Beeinträchtigungen wie Durchfall, Übelkeit, Kopfschmerzen. Viele haben in früheren Klassen (in der Grundschule, in der Sekundarstufe 1) schon die gleichen negativen Erfahrungen mit den Mitschülern gemacht wie jetzt auf der Oberstufe oder in der Berufsschule. Die Chance, in der neuen Gruppe eine bessere Position zu erhalten, ist schnell dahin (siehe nächstes Kapitel).

Und das ist oftmals nicht das Ende der Kette. Zuweilen höre ich Jahre später von Auszubildenden, dass der Außenseiter von damals auch heute noch, lange nach der Gesellenprüfung, das Gespött der anderen in der Gruppe der Monteure ist.

Wie sehr jemand unter Mobbing leidet, hängt nicht nur vom Verhalten der Mehrheit ihm gegenüber ab, sondern auch von seiner individuellen und subjektiven Schmerzgrenze. Was der eine noch als gutmütigen Scherz auffassen kann, mag den anderen zutiefst verletzen. Da die Betroffenheit zumeist nicht gezeigt wird, aus Furcht, Hohn und Spott könnten die Situation noch schlimmer machen, kann der Großteil der Gruppe dies auch nicht richtig einschätzen. Daher (und natürlich zur Vermeidung von Gewissensbissen) rührt die gelegentlich geäußerte Überzeugung der Schüler, dass in ihrer Klasse keiner zu leiden habe.

Aus der Psychologie wissen wir, dass man empfindlicher wird, wenn man häufig über der Frustrationsgrenze getroffen wird – die Schwelle sinkt. Wer jedoch öfters kleine Versagungen unterhalb seiner Frustrationsschwelle erfährt, wird robuster. Deshalb sind gerade die Kinder besonders anfällig, denen die Eltern früher immer alle Schwierigkeiten aus dem Weg räumen wollten und ihnen damit die Möglichkeit nahmen, kleine Niederlagen ertragen zu lernen. Dieser Eindruck verstärkt sich mir immer wieder in Gesprächen mit sehr besorgten und behütenden Müttern und Vätern.

6 Lebenslange Narben

Natürlich können Außenseiter auch Karriere machen – wenngleich es sicher nicht die Regel ist. In der Vorgesetztenrolle ist die Außenseiterposition positiv gewendet. Ob damit frühere psychische Verletzungen auskuriert werden, ist fraglich. Denn ich habe schon erlebt, dass bei Einladungen zu Klassentreffen zehn und mehr Jahre nach Schulende alte Ängste auch bei sonst in jeder Hinsicht erfolgreichen Menschen wieder offen zutage treten: „Nein, die möchte ich nicht wieder sehen!" „Keine Zeit." „Warum sollte ich kommen: Ich habe die schon damals nicht gemocht! …" Angst, Vermeidung, panische Fluchtreaktionen, Rachegedanken u. Ä. sind auch nach solch langer Zeit bei denen, die unter ihren Mitschülern zu leiden hatten, keine Seltenheit. Selbst Regressionen sind anzutreffen: Ich habe einen früheren Schüler erlebt, der in seinem jetzigen Arbeits-, Freundes- und Familienkreis als besonnener und sehr rationaler Mann gilt, dem man nicht mehr anmerkt, dass er früher einmal als Prahler von den Mitschulern abgelehnt wurde. Und doch kauft er sich vor dem Ehemaligen-Treffen noch schnell ein für seine Einkommensverhältnisse viel zu teures Auto!

In Gesprächen mit Kollegen erlebte ich, dass eine jahrelange Nachwirkung von Kränkungen in der Schulzeit bestritten wurde. Das habe jeder durchgemacht und jeder wieder vergessen. Dann zeigte ich eine Reklameseite für Canon-Faxgeräte, die spontan Heiterkeit hervorrief. Auf dieser Anzeige (Der Spiegel, Mai 1997) übermittelt der Absender, „Dein Kläuschen", einem Empfänger ein Bild von sich, auf dem er mit nacktem Oberkörper voll mit Muskeln bepackt zu sehen ist. Der Text dazu: „Hallo Atze! Ich war der kleine Schwächling, den Du in der Schule immer verprügelt hast. Ich hoffe, wir laufen uns bald mal wieder über den Weg."

Ganz offensichtlich knüpft diese Werbeanzeige, die sich an Millionen von Lesern richtet, an der Überzeugung an, dass auch nach vielen Jahren noch Rachegedanken für Kränkungen und Misshandlungen in der Schulzeit virulent sind. Und die spontane Freude rührt aus dem Umstand her, dass man (sicherlich auf dem Wege der Identifikation) es dem schwachen Kläuschen gönnt, dass ihm nun Satisfaktion widerfährt.

In Gesprächen mit Jugendlichen viele Jahre nach Ende ihrer Schulzeit ist mir aufgefallen, dass sich auch manche in früheren Außenseiterpositionen sahen, obwohl dies tatsächlich gar nicht der Fall war – kein anderer aus der Gruppe hatte sie so wahrgenommen. Mobbingverhalten konnten sie auf mein Nachfragen auch nicht benennen. Aber nicht zur ersehnten „Spitzenclique" zu zählen, das ist zuweilen ein Grund zu argwöhnen, man sei Außenseiter (gewesen).

Von anderen Auswirkungen war schon weiter oben die Rede: Eigene negative Erfahrungen als Mobbingopfer können sich in der Kindererziehung schädigend auswirken, wenn die Eltern in Sorge um ihr Kind Verhaltensweisen antrainieren und Ratschläge geben, wie man sich in der Klasse zu verhalten habe – und dabei gerade ihr Kind wieder anfällig machen, Mobbingopfer zu werden, oder ihm selbst das Mobbing anderer beibringen. („Schau, wer in der Klasse das Sagen hat, und gib dich nicht mit Nullen ab!")

Und die Angst oder Verkrampfung in Gruppen, die Scheu, seine Meinung zu vertreten, oder der Zwang, sich darstellen zu müssen, devote Gesten, das können Folgen früherer peinigender Gruppenerlebnisse gewesen sein.

7 Wie wird ein Schüler zum Außenseiter?

Die Leiterin einer hessischen Grundschule berichtete mir an einem Beispiel, wie der Prozess der Ausgrenzung beginnen kann:

Roland ist in Deutsch und Mathematik der schwächste Schüler in der 3. Klasse, hat aber eine besondere Begabung im Werken. Wenn etwas zu basteln ist, will ihn jede Gruppe dabei haben, weil er am geschicktesten ist. Auch beim Spielen in der Pause ist er integriert – noch integriert. Denn mit Beginn der 3. Klasse gibt es in Hessen Noten. Und Roland hat in Deutsch und Rechnen schlechte Noten. Das hat sich in der Klasse herumgesprochen. Nach jeder Rückgabe einer Arbeit wird er zum Vergnügen der Übrigen als Erstes gefragt, welche Zensur er habe. Darauf reagiert Roland zunehmend mit Wutanfällen.

In neu gegründeten Berufsschulklassen kommen Jugendliche aus unterschiedlichen Schulen und Gegenden zusammen. Weit wichtiger als der Unterricht ist für sie jetzt, wer in der Klasse welche Position einnehmen wird. Sie beobachten sich, schirmen sich ab, bemühen sich um Wirkung, lauern, kämpfen. Alle in der Klasse (bis auf den Lehrer) wissen, wie ausschlaggebend dies ist: „Cool" muss man wirken in der Klasse der Installateure, wenn man Gruppenführer werden will, etwas machen, wagen, sagen – den anderen ähnlich, aber dennoch hervortretend. Aber Vorsicht: Das kann leicht ins Auge gehen, man kann sich lächerlich machen, verhaspeln, einem unterliegen, der sich bisher bedeckt gehalten hat und nun plötzlich mit einem geradezu vernichtenden Geistesblitz eingreift.

Weniger gefährlich – wenn auch weniger angesehen – ist da die Rolle des Mitläufers: nicht so viel von sich zeigen, beobachten, was die Mehrheit macht, sich den Vorlieben und Abneigungen der anderen anpassen und wenn einer Schwächen zeigt – sofort (natürlich mit den anderen) auf ihn drauf. *Der* wird Außenseiter – und Gott sei Dank nicht man selber.

Es zeigte sich in vielen Gesprächen, dass eine große Zahl der Mitläufer auch mitleiden, keineswegs zu direkten Mittätern werden. Doch aus Angst vor den Stärkeren ergreifen sie nicht Partei für das Opfer, sehen weg, ducken sich und ermöglichen damit den Psychoterror.

Ausgesprochen gemein ist es, wenn einer oder mehrere Schüler aus einer früheren Klasse stammen und sofort verbreiten, wer *hier* von den Jugendlichen *dort* der Depp, der Streber, die Heulsuse, das Muttersöhnchen gewesen sei: Es gibt keine neue Chance für ihn, er ist sofort wieder in der alten Rolle.

Bei diesem oft für den Lehrer nicht sichtbaren Ringen um Positionen spielen die (nicht bewussten) Vorerfahrungen der Einzelnen eine große Rolle. Wer in der vorhergehenden Gruppe etwas galt, etwas zu sagen hatte, geht weniger ängstlich und verspannt an die neue Gruppe heran. Wer sich vorher schon als gemobbten Außenseiter gesehen hat, auch wenn das in der neuen Klasse niemand weiß, plant vielleicht, diesmal von vornherein um eine gute Position zu kämpfen, damit ihm solches nicht noch einmal widerfahre. (Möglicherweise stellt er sich dann in seinem verkrampften Übereifer schnell bloß – und ist schon wieder in der gefürchteten Situation.) Oder er will diesmal keine Zielscheibe abgeben und bemüht sich deshalb, unter keinen Umständen in Erscheinung zu treten, und will die angenehmere Rolle des Mitläufers einnehmen (bis eventuell die anderen seine Ängstlichkeit entdecken und er nun erst recht Zielscheibe ihres Spottes wird). Wesentliche Signale der Schwäche kommen aus der weniger leicht zu verbergenden Körpersprache: Wer wirkt souverän und gelassen, wer aufgeregt und unsicher? Wer spielt sich auf und drängt sich ständig in den Mittelpunkt? Wer ist verkrampft, weicht den Blicken der anderen aus, setzt sich abseits? Schon auf dieser Ebene werden wesentliche Signale ausgesandt, die einen entsprechenden Platz in der sozialen Rangfolge der Klasse bestimmen.

Überdurchschnittlich in Gefahr, Außenseiter zu werden, sind diejenigen, die von der jeweiligen Norm abweichen: Sie kommen von einer anderen Gegend, einem anderen Land, sprechen einen hier nicht üblichen

Dialekt, weisen eine körperliche Besonderheit auf (klein, dick ...), benehmen sich anders, vertreten andere politische oder religiöse Ansichten, sind Fan eines Fußballvereins einer anderen Stadt usw.

Ganz besonders schlimm ist es, wenn Behinderungen zum Anlass für Mobbing genommen werden. „So ein Spasti!" ist eine leider recht verbreitete Beschimpfung an deutschen Schulen, deren Grausamkeit den Kindern und Jugendlichen gar nicht bewusst ist – und auch von Eltern und Lehrern häufig genug nicht bewusst gemacht wird.

Diese Besonderheiten können eine Rolle spielen, müssen es aber nicht. In gar nicht so seltenen Fällen kann auch ein früherer Außenseiter zum Gruppenführer werden. (Umgekehrt ist es aber häufiger: Das Gehabe des ehemaligen Gruppenführers, das ihm in seinem vorigen Kreis Respekt verschaffte, wird hier als lächerlich erachtet, schon gerät er in die Außenseiterposition.) Ein Verhalten, das in der einen Gruppe großes Ansehen gewähren mag (z. B. den Lehrer heftig kritisieren), kann in einer anderen zu vollständiger Ablehnung führen (wenn die Klasse z. B. ihren Lehrer verehrt). Denn von weitaus größerer Bedeutung als das Verhalten des Einzelnen ist das jeweilige Wertesystem und Sozialverhalten der Gruppe. Die eigene Norm wird als die einzig akzeptable betrachtet. Es ist offensichtlich, und doch wird es selten zur Kenntnis genommen: In erster Linie ist es die Gruppe, die zum Außenseiter stempelt, weniger der Einzelne selbst. Sein abweichendes Verhalten ist in der Regel die Folge seiner Ausgrenzung.

Wer hier Schülern unverständliche Intoleranz vorwirft, sollte sich vor Augen halten, dass unsere Gesellschaft insgesamt wenig Toleranz zeigt.

8 Verbreitung

Manchmal bleibt das Mobbing nicht auf die Klasse beschränkt, sondern verbreitet sich fast über die ganze Schule, so dass nicht nur die Chancen dahin sind, mit einem Klassenwechsel aus der Außenseiterrolle herauszukommen, sondern auch der bisher zu dem Jungen oder Mädchen stehende Freundeskreis außerhalb der Klasse von der allgemeinen Abwertung erfährt und sich ebenfalls von dem Opfer distanziert.

Mir wurde von einem Fall berichtet, der sich über den Schulhof verbreitete. Ein Schüler wurde von den anderen „Fisch" gerufen, weil sich seine Haut schuppte. Als er einmal nach der Pause auf dem Weg ins Klassenzimmer war, ließ jemand im Treppenhaus von weit oben an einer Angelschnur einen Haken herab und rief: „Fisch, beiß an!" Es sollen über hundert Schüler gewesen sein, die sich köstlich darüber amüsierten.

Mir liegt eine Schülerzeitung von einem renommierten Mainzer Gymnasium vor, in der einer der Redakteure einen Fall von Mobbing in hämischer Weise publiziert und zum allgemeinen Psychoterror aufruft (s. S. 41/42).

Die Mutter, die mir die Zeitung gab, sprach den verantwortlichen Lehrer an. Er entschuldigte sich, dass der Artikel erst ganz zum Schluss eingegangen sei und von ihm nicht mehr gelesen worden war.

Conny-We love you

Da wir leider keine Namen nennen dürfen, nennen wir das Phänomen einfach mal Conny S., denn jeder hat schon mal über sie gelacht, und zwar gaaaaanz laut und dreckig!
Aber das schönste daran ist, dass wirklich JEDE ihrer Aussagen a) ernst gemeint ist, und b) dass sie wirklich so gesagt wurden.
Also ich wünsche Euch allen viel Spaß bei Conny I.

Schon der erste Schultag dieses Schuljahres wurde eine Begegnung der besonderen Art, denn da stand sie, die einzigartige, (gaaaaaanz leicht) naive Conny S. mit ihrem Heiligenschein und ihren laaaangen blonden Haaren, die mit einem, wie immer, roten Haarband zu einem Pferdezopf (ultralang) zusammengebunden war. Schon schnell stellte sich heraus, dass Conny die ganze Stufe unterhalten würde.

Die erste phänomenale, zum Abschießen geile Aktion war im Franzunterricht. Unser Kurs plante ein Frühstück, wohlgemerkt ein FRANZÖSISCHES Frühstück, als dann unser lieber Lehrkörper fragte, wer was mitbringen würde, meldete sich Conny überschwenglich und rief ganz laut ... "Isch pring Nuddella mit!" (="ich bringe Nutella mit!"). Der ganze Kurs fing laut an zu lachen, und Conny wußte wohl nicht ganz warum, denn sie wurde ganz rot und versteckte ihr Gesicht, um sich mal kräftig zu schämen! Hmmm, viele werden denken, was ist daran so lustig?? Aber wenn der Lehrkörper sagt, ein französisches Frühstück, mit französischen Spezialitäten ...

Das war der Hammer numero uno, und so langsam wurde Conny Kult, jeder kannte sie (gleichzusetzen mit lachte über sie), aber Conny ließ nicht lange auf die nächsten warten, denn in Geschichte antwortete sie auf die Frage, was das Problem sei, wenn Söldner Städte verwalten, mit der Antwort: "die müsse ja umziehe!!" Nach dieser Antwort wurde mir das erste mal in meinem Leben deutlich, warum Lehrer so viel Geld verdienen! Oder eine Woche später auf die Frage, wie denn die römischen Mauern gebaut seien, antwortete sie "aus Stein" ... und das mit vollem Ernst!

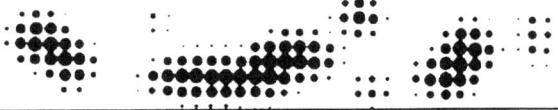

Aber liebe Freunde, der absolute Hammer kommt erst noch, denn nur sie erlaubt sich bei Mr. "wenn Du nicht gelernt hast, muss ich Dich leider töten" Klinger, auf eine Frage über den Versuch zu antworten: "Das sah lustig aus …!" … aber die Quittung folgte unverzüglich, und Conny bekam satte 0 Pkte. auf dem Zeugnis (immerhin). Nebenbei mal eine Frage an Euch, wie würdet Ihr reagieren, wenn Ihr 2 Pkte.(= Note 5) in einer Arbeit zurückbekommen würdet??? Würdet Ihr wie Conny reagieren????!?!?!? Wirklich??? Würdet Ihr ernsthaft mit fast 18 Jahren (wie Conny) Euch auf den Tisch legen und mal kräftig abflennen????

Anm.: Unsere liebe Kursleiterin konnte sie trösten und uns (vor Lachen) retten! Da fällt mir die nächste rhetorische Frage ein: wie würdet Ihr reagieren, wenn Ihr 7 Pkte. (3-) in Deutsch zurückbekommt??? Wieder wie Conny???? Würdet Ihr wieder weinend auf dem Tisch liegen??? (vor Freude) Nitt, egal sie tut es, und jetzt meine aller, aller, aller liebste Eigenschaft von Conny: Ihre Liebe zu ihren Klamotten, denn nur sie liebt ihren Rucksack so, dass sie ihre Jacke bei rasender Sonne über ihn legt, damit er nicht heiß wird! Das sieht dann so aus: Stellt Euch vor Ihr seht eine Person, die einen Rucksack mit Jacke trägt!

So, genug gelästert, und nächstes mal dann die Fortsetzung, aber:

IHR KÖNNT DEM OFFIZIELLEN CONNY FANCLUB BEITRETEN!!!
Anmeldung beim SG!

IHR KÖNNT MIR AUCH CONNY STORIES; ODER KOMMENTARE ZU MEINEM ARTIKEL MAILEN

SCHREIBT AN: O.G.A.S.M.C.S.A.J@gmx.de

Der Verfasser dieses liebevollen Artikels verzichtet auf seine Namenskürzel, wir bitten dies zu verstehen!

9 Neurotische und psychotische Erkrankungen

Natürlich gibt es auch psychisch kranke Schüler, die fachlicher Hilfe bedürfen. Wenn ein solcher Verdacht nahe liegt, muss sich der Lehrer, sicher häufiger als das bisher der Fall ist, an den Schulpsychologen wenden, die Eltern an einen Psychiater oder Psychotherapeuten. Je länger es dauert, bis eine Therapie eingeleitet wird, umso schwieriger ist die Behandlung.

Man hüte sich aber vor zu früher Etikettierung (z. B. „Neurotiker"), weil man sich damit rasch aller pädagogischer Verantwortung zu entledigen meint: Die überwiegende Zahl aller Mobbingopfer ist (noch) kein Fall für den Arzt. Hier ist der Lehrer in der Pflicht.

Auch bei den Mobbern gibt es vereinzelt gestörte Schüler und Schülerinnen, die mit einer kaum für möglich zu haltenden Ausdauer und Intensität andere quälen. Manchmal dauert es geradezu unerträglich lange, bis die Schule angemessen reagiert: Gespräche mit diesem Schüler, pädagogische Maßnahmen, Ordnungsmaßnahmen, Hinzuziehung eines Schulpsychologen…

Für die Eltern der Opfer bedeutet dies, die Berichte des eigenen Kindes zu protokollieren, sich mit anderen Eltern zu besprechen, ob sie auch solches erfahren haben, und sich unverzüglich an den Klassenlehrer/die Klassenlehrerin zu wenden.

Typische Verhaltensmuster von Außenseitern

Trotz aller individuellen Unterschiede, die es bei Menschen gibt, lassen sich dennoch Stereotypen von Verhaltensweisen aufzeigen, nicht-bewusste Mechanismen, die dann einsetzen, wenn einer „ausgeguckt" ist, Außenseiter zu sein.

„Außenseiter" ist also nicht als Charakter zu verstehen (misszuverstehen), sondern als Verhaltensmuster in einer besonderen Situation, die jedem widerfahren kann.

Ich will noch einmal betonen, dass wirklich jeder zum Mobbingopfer werden kann. Viele, die noch nie in dieser Position waren, glauben, ihnen könnte das nicht passieren. Ohne Zweifel geraten manche leichter in die Opfersituation als andere, aber wenn die Gruppenkonstellation nur ungünstig genug ist, kann selbst eine charismatische Führerpersönlichkeit zum gequälten Außenseiter werden.

Die im Folgenden zusammengestellten Verhaltensweisen kommen so rein und ausschließlich nicht immer vor. Ich stelle sie aber so absolut (und fast als Karikatur) dar, damit sie leichter erkannt und in ihrer inneren Logik erfasst werden können.

Wenn jemand in die unerträgliche Situation des Gemobbten gerät, versucht er sich durch unterschiedliche Strategien, die jedoch nicht von Anfang an da sind, sondern sich im Laufe der Zeit entwickeln, zu retten:

1 Kampf gegen die Rollenzuweisung „Außenseiter"

Der Schwierige

Dieser Typus (im Frankfurter Dialekt werden solche Menschen häufig als „Knörzchen" bezeichnet) ist durch vielfache negative Erfahrungen im Umgang mit anderen misstrauisch geworden. Er vermutet auch in Situationen, die sonst jeder für entspannt hält, eine Benachteiligung seiner Person, eine Gemeinheit, eine gegen ihn gerichtete Aktion. Wenn er dann und wann tatsächlich etwas findet, was sich zu seinen Ungunsten auswirken könnte, fühlt er sich bestätigt: Die Welt ist böse, und ich muss immer auf der Hut sein. Dass nach einiger Zeit ihn kaum mehr jemand mag, wertet er nur als Bestätigung für seine Haltung.

Wie wird ein Mensch so?

Manchmal haben diese Schüler Probleme, die keiner ahnt.

Gerd, etwas kleiner als der Durchschnitt der Klasse und ein wenig gedrungen, wirkt nicht gerade kräftig. Aber seine außerordentliche Aggressivität macht den meisten Schülern Angst. Auch einige Lehrer scheuen sich, ihn zu kritisieren, wenn er Fragen falsch beantwortet und unausgereifte Meinungen von sich gibt, weil er schon bei geringen Anlässen unberechenbar „ausrasten" kann, herumschreit, andere beleidigt und Klassenkameraden Prügel androht, wenn sie zum Beispiel über ihn lachen. Er hat keinen Freund in der Klasse, erzählt aber häufig von Freunden, die angeblich außerordentlich stark seien. Und wenn die mal in die Schule kämen!! Keiner mag ihn, aber keiner hält es für möglich, dass er unter der Ablehnung der Mitschüler leiden könnte. Dem Klassenlehrer wird dies erst bekannt, als er die Mutter in seine Sprechstunde bestellt, die erzählt, wie schwer es ihrem Jungen falle, sich in der Klasse zu behaupten, vor allem, weil er in der ständigen Angst lebt, vor den Augen der anderen einen Anfall zu bekommen: Er ist Epileptiker.

Meist ist es jedoch so, dass die misstrauischen Schüler auf Grund häufiger negativer Erfahrungen so geworden sind. Wem ständig der Bleistift weggenommen wird, wer öfters Abfall (Bananenschalen, leere Dosen …) in seiner Schultasche findet, wem häufig falsche Auskünfte gegeben werden („Morgen fällt die erste Stunde aus"), der wäre töricht, wenn er nicht sehr, sehr vorsichtig würde. Doch wer längere Zeit in dieser Weise behandelt wird, neigt dazu, auch dann eine Absicht zu unterstellen, wenn es purer Zufall war.

Der Prahler

Am meisten verbreitet ist aber eine andere Art, sich aus der gering geschätzten Position zu befreien:

Durch besonderen Besitz oder ungewöhnliche Leistungen (wahr oder erdichtet) versuchen sich manche in den Augen der Mitschüler besser darzustellen. So bringen Jugendliche z. B. ungemein teure Laptop-Computer in die Schule mit, um sie anderen vorzuzeigen. Üblicher sind jedoch Markenkleidung, Walk- oder Discman, Funkarmbanduhren, alles mit Betonung herausgestellt. Verbreitet ist auch der Bericht von „Heldentaten": Wie zum Beispiel nach einem Karatekurs eine ganze Gruppe von Rockern aufgemischt wurde oder wie viele Mädchen sie am Wochenende wieder abgeschossen hätten oder mit welcher Geschwindigkeit sie mit ihrem selbst getunten VW-Golf durch den Taunus gefegt seien. Wahr oder erfunden: Durch ihre Prahlerei verstärken sie nur ihre Außenseiterposition („unerträglicher Angeber").

Randbemerkung: Gruppenführer könnten u. U. das Gleiche bieten und würden dafür noch bewundert. (Meist prahlen sie aber raffinierter: Sie zeigen die Funk-

armbanduhr nicht vor, sondern lassen sie andere entdecken und geben sich dann ganz cool – „nichts Besonderes".)

In die Kategorie der Prahler gehört auch ein Teil der
„Arroganten". Sie wollen mit dem vorgespielten Bewusstsein, über den anderen zu stehen, Anerkennung
gewinnen. In Gruppen, die neu entstanden sind, mag
das einige Zeit Eindruck machen, auf die Dauer aber
gelangen sie meist ans Ende der Hierarchie. Ein anderer Teil derer, die sich arrogant gerieren, ist zu der Kategorie der „Streber" (siehe unten) zu zählen. Sie wollen mit ihrem Verhalten nicht Anerkennung, sondern
setzen aus ihrer Position der Nähe und Anerkennung
von einem Vorgesetzten oder Lehrer zur Schau gestell-
te Überheblichkeit als Waffe gegen die ein, die sie he-
runterziehen.

2 Sich mit der Rolle arrangieren

Die „Klassenclowns" scheinen ihre Rolle frei gewählt zu
haben. Würden sie sich sonst so erfindungsreich ständig
neuen Unsinn ausdenken? Sie wissen doch, wie die Klasse reagiert (und der Lehrer!). In Wirklichkeit haben sie
aber die – manchmal nur vermeintliche – Erfahrung gemacht, dass sie bei Annahme ihrer Rolle weniger drang-
saliert werden.

„Eh, mach mal den Quasimodo!" Macht er's, lachen
alle. Weigert er sich, wird ihm so lange zugesetzt, bis er
sich fügt. (Dieser Druck auf ihn wird übrigens sehr un-
terschiedlich wahrgenommen: Während die Gruppe der
Meinung ist, sie habe den Gemobbten „nur ein wenig
aufgefordert", fühlt der sich in der Situation, nicht mehr
entkommen zu können.)

Bisweilen steckt auch Trotz dahinter (Jetzt erst recht!) oder die (nicht bewusste) Taktik: Ihr seht, ich *spiele* den Doofen absichtlich, ich bin nicht wirklich doof. Manche haben die diffuse Hoffnung, als Entertainer Ansehen zu gewinnen – die Aufmerksamkeit der Gruppe haben sie auf jeden Fall.

Klassenclowns geben im Allgemeinen nicht zu, dass sie unter ihrer Rolle leiden, denn das würde ihre Situation noch verschlechtern. „Warum macht das dann der Blödmann auch?"

Ein weiterer – meist nicht erkannter – Aspekt ist es, dass der Lehrer sich dem Klassenclown (wenngleich disziplinierend) zuwendet wie kaum einem anderen. In der Terminologie der Lernpsychologie heißt das, der Schüler erhält ständig (vom Lehrer unbeabsichtigte) Verstärkung.

Je nach Ausprägung der Rolle „Klassenclown" (z. B. eher witzig als doof) und nach Reaktion der Mitschüler kann der Lehrer auch manchmal den Eindruck haben, dies sei ein angesehener Wortführer der Gruppe, weil er mit seinen durchaus originellen Bemerkungen ständig im Mittelpunkt steht und die subtile Geringschätzung durch die anderen dem Lehrer nicht ohne weiteres auffällt.

Hansi hat häufig überraschende Einfälle. Neben ständigen und für alle unerträglichen Redewendungen, die er bei passenden oder unpassenden Gelegenheiten immer wieder in den Unterricht hineinruft („Lauter Blöde!" oder: „Alles hat ein Ende, nur die Wurst hat zwei."), bringt er auch immer wieder regelrechte Showeinlagen: Einmal liegt er auf dem Lehrerpult, von Kopf bis Fuß in Toilettenpapier eingewickelt. Da er es allein vollbracht hat, war das schon rein technisch eine beachtliche Leistung. Auf meine Frage, was das zu bedeuten habe, antwortet er mit tiefer Stimme: „Ich bin eine Mumie!" Die anderen lachen sich halb tot über ihn. Aber sie quälen Hansi auch. Häufig schlägt ihm einer, der hinter ihm vorbeigeht, mit der flachen Hand auf den Kopf. Hansi streckt dann das Bein vor und ruft „Tipp kick!" (die Spielfiguren des gleichnamigen Tischfußballspiels imitierend, denen man

3 Andere Bündnispartner suchen

Außenseiter versuchen manchmal, in die Gruppe aufgenommen zu werden, indem sie auf Einzelne zugehen,
um sie für sich zu gewinnen. Ich habe einmal beobachtet, wie ein solcher Jugendlicher einem anderen eine
Kassette mit Rockmusik schenkte, die der auch annahm,
um schließlich zum Amüsement der anderen zu verbreiten, wie *der* versucht habe, sich bei ihm einzuschleimen.

Als günstiger könnte es da erscheinen, wenn ein
Außenseiter einen anderen, der auch mehr am Rande
steht, versucht, auf seine Seite zu ziehen. Doch das ist
besonders schwierig, weil Mitläufer große Angst haben,
selber out-group zu werden. Ein Beispiel:

Beim Durchgehen der Anwesenheitsliste stellte ich fest, dass Carsten,
der in der letzten Stunde noch da gewesen war, nun fehlte. Ich fragte in die Klasse, ob jemand wisse, wo er sei. Einer rief laut und erkennbar hämisch: „He Markus! Wo issen dein Freund?" Markus lief
rot an und schnauzte zurück: „Der Blödmann ist nicht mein Freund!"

Eher bieten sich da die Erwachsenen als Bündnispartner an. Wenn sich ein Jugendlicher im Unterricht und
bei der Arbeit interessiert und leistungswillig zeigt und
eilfertig allen Anforderungen nachzukommen sucht,
wird er zwar von den Mitschülern als Streber abqualifiziert, von Lehrern und Ausbildern im Betrieb aber
meist geschätzt. „Der Streber" hat für sich den Vorteil,
dass er außer der Zuwendung der „wirklich wichtigen"

Personen auch noch den Schulerfolg erhält. Das bringt ihn vorwärts, und mit seinem Erfolg kann er es auch noch den anderen zeigen und sich für die erlittenen Erniedrigungen rächen. Seine Außenseiterrolle wird damit natürlich noch verstärkt. Von einem Lehrling in dieser Position habe ich erfahren, dass er die Pausen auf der Toilette zubrachte; ohne den Schutz des Lehrers hatte er Angst vor der Klasse.

Randbemerkung: Wenn die Mehrzahl der Schüler sehr leistungsorientiert ist, wird es die Rolle des „Strebers" in einer solchen Klasse selbstverständlich kaum geben.

Olaf ist ein sehr guter Schüler, fast alle Arbeiten wurden mit eins benotet. Sein Meister schwärmt von ihm, dass er nicht nur fachlich sehr gut sei, sondern auch ungewöhnlich reif in seinen Ansichten. Im Unterricht drängt er ständig die Lehrer, im Stoff voranzuschreiten, weil der Sachverhalt ja ausführlich genug abgehandelt worden sei und es jeder verstanden haben könnte, wenn er nur aufpasste. Außerdem verlangt er von mir öfters, ich solle für mehr Ruhe sorgen, so könne sich ja kein Mensch konzentrieren. Er und die Mitschüler reden nur im feindseligen Ton miteinander, wobei die Klasse sich gern in beißender Ironie übt. Ein Schüler zum anderen in gespielter Entrüstung: „Jetzt halt doch mal die Klappe! Der Olaf kriegt sonst wieder etwas nicht mit!" Der andere: „Oh Gott, das wär' ja schrecklich!"

Wenn Schüler (mit oder ohne besondere Erfolge) ständig die Nähe von Lehrern oder Ausbildern suchen, ist für die anderen das Urteil schnell gefällt: Das sind „Schleimer", „Kriechtiere" oder Schlimmeres. In der Tat habe ich schon oft erlebt, wie solche Schüler heimlich zu mir kamen: „Ich sag Ihnen, wer die Lampe kaputtgemacht hat." Wenn der Lehrer auf ein solches Verhalten negativ reagiert (wozu viele neigen), kann es sogar vorkommen, dass ein solcher Schüler noch größere Anbiederungsleistungen erbringt, immer in der Hoffnung, dass die „Autoritätsperson" ihn dann mag, weil er doch offensichtlich auf deren Seite steht.

4 Flucht aus der Gruppe

„Es ist zum Davonlaufen!" Und das tun dann auch manche, die ihre Behandlung nicht mehr ertragen können. Schulschwänzen ebenso wie das Fernbleiben vom Arbeitsplatz ist jedoch mit zahlreichen Strafen bedroht. Und so kommen sie immer wieder, bis sie es erneut nicht mehr aushalten. Schließlich ist eine wirklich echte, keine vorgeschobene, Erkrankung dann nur noch eine Frage der Zeit. Migräne, Gastritis, Darmerkrankungen, neurotische Störungen, unglaubliche Häufungen von Unfällen und Schlimmeres sind keine Ausnahmen, ebenso wenig wie der Abbruch der Lehre.

Kommt ein solcher Schüler nach einer längeren Fehlzeit wieder in die Schule, wird er als Drückeberger und oft auch als Sonderling begrüßt. Schmeißt er eines Tages alles hin, hat man es ja schon geahnt: Das hatte doch keinen Zweck mit dem!

Weniger von schuladministrativen Maßnahmen bedroht ist die innere Flucht. Der Schüler sitzt da, sagt aber fast nichts, um möglichst wenig Angriffsfläche zu bieten. Wird er als „Mauerblümchen", „Angsthase", „Hosenschisser" oder Ähnliches attackiert, hofft er, durch ein soziales Sich-tot-Stellen bald wieder in Ruhe gelassen zu werden. Viele träumen vor sich hin und entgehen damit so lange der rauhen Wirklichkeit, bis z. B. der Lehrer sie als „Träumer" tituliert und wieder auf den (Klassen-)Boden der Wirklichkeit zurückholt. Da sich diese Schüler kaum wehren, sind sie äußerst „preisgünstige" Mobbingopfer.

5 Die Ungeschickten

Die Schüler und Schülerinnen, denen häufig etwas misslingt – sei es eine Handlung, sei es die Wortwahl – und die dadurch zum Gespött der Klasse werden, zeigen im Gegensatz zu den anderen Typen kein Abwehrverhalten. Dennoch ist auch hier die Wechselwirkung mit der Gruppe von großer Bedeutung. Denn das Auslachen, Abwerten, Hänseln setzt sie unter solch großen Stress, dass ihnen trotz größter Aufmerksamkeit und Anstrengungen immer wieder Missgeschicke passieren.

> Sven – die anderen beschimpfen ihn oft „Dappes" – trägt die elektrischen Meßgeräte aufeinander gestapelt auf einem Tablett vom Sammlungsraum ins Klassenzimmer. Einer ruft gellend: „Vorsicht! Ein Ameisenknochen!" Eigentlich ein alter und abgedroschener Witz, aber Sven gerät so ins Zittern, dass ich schnell zugreife, damit ihm nicht doch noch die empfindlichen Instrumente auf den Boden fallen. Groß ist das Gelächter in der Klasse. Alle sind überzeugt, Sven sei abgrundtief doof – was er wirklich nicht ist. Noch nicht einmal ungeschickt, wie sich im Ausbildungsbetrieb zeigt. Aber dort hänselt ihn auch niemand.

Durch die Etikettierung „ungeschickt" verringert sich in kurzer Zeit das Selbstbewusstsein, was zu immer häufigeren Missgriffen führt, den Schüler ausgrenzt, so dass er in der Klasse immer mehr leidet.

Man muss sich vor Augen halten, dass das Wichtige die Ausgrenzung ist, nicht die tatsächliche Ungeschicktheit: Einmal erzählten mir die Jugendlichen von einem peinlichen Vorfall in den Waschräumen neben der Ausbildungswerkstatt.

> Zwei Lehrlinge beobachteten, wie unter der Tür der Toilettenkabine, die etwa 15 cm über dem Boden endet, eine Klopapierrolle hindurchkullerte und sich abwickelte. Die beiden verhielten sich ganz still. Sie sahen, wie der Junge hinter der Tür versuchte, die Rolle an der Papierbahn, die er in Händen hielt, zurückzuziehen. Doch sie spulte sich dabei nur weiter ab. Dann rief er „Hallo!?" und lauschte, ob

noch jemand im Raum sei. Da er nichts hörte, öffnete er die Tür und ging im Entengang mit heruntergelassenen Hosen zu der Rolle. Die Beobachter explodierten fast vor Lachen und erzählten es bei nächster Gelegenheit allen, mit noch dazu erfundenen Details. Sie verbanden es mit den früheren Erfahrungen von Missgeschicken dieses Jungen, die sie ohnehin immer wieder aufwärmten.

Ich besprach mit der Klasse den Vorfall, da kam überraschenderweise heraus, dass das Gleiche ein paar Tage vorher einem anderen Schüler passiert war. Der Halter der Toilettenpapierrolle war nämlich defekt, die Achse rutschte heraus und die Rolle verschwand unter der Tür durch. Auch er wurde von einem anderen bei dem erfolglosen Versuch beobachtet, das Ding zurückzuziehen. Auch er kam schließlich nur mangelhaft bekleidet heraus. Und auch das wurde weitererzählt und belacht. Aber die Geschichte verschwand auch – anders als bei dem Mobbingopfer – schnell wieder in der Versenkung.

In der Falle

1 Ein Teufelskreis

Es ist wichtig zu erkennen, dass bei all diesen Mustern im Verhältnis zwischen dem Einzelnen und der Gruppe ein Kreisprozess abläuft:

1. Die Gruppe weist einem oder mehreren eine Außenseiterrolle zu.
2. Der- oder diejenigen reagieren mit den oben genannten Mustern.
3. Die Gruppe begründet ihre Ausgrenzung mit dem Verhalten des Außenseiters (das nicht als Abwehrverhalten erkannt wird).
4. Die Ausgrenzung wiederum bewirkt eine Verstärkung des Abwehrverhaltens des Betroffenen usw.

Die Gruppe rationalisiert also ihre Ausgrenzung, indem sie sie als Reaktion auf Eigenschaften und Verhalten des Betroffenen bezeichnen. (Die Gruppenmitglieder sind davon überzeugt, dass dies so sei; der Kreisprozess ist ihnen nicht bewusst.)

Dem Außenseiter hingegen ist nur in den Fällen, in denen er mit Aggression oder Flucht reagiert, die Ursache für sein Verhalten bekannt, nämlich die Abweisung der Mehrheit ihm gegenüber. Wenn es jedoch um Prahlen, Clownerie oder der Suche nach Bündnispartnern geht, ist ihm die Ursache seines Verhaltens nur selten bekannt. Hier rationalisiert er ebenfalls, beschönigt oder streitet es gar ab.

Manchmal kann die Gruppe das Verhalten des Außenseiters auch gar nicht als Abwehr identifizieren, denn niemand in der Klasse hatte ihn zuvor malträtiert. Seine starren Verhaltensmuster, die er nicht ablegen kann, resultieren aus dem Geschehen in einer vorangegangenen Klasse und sind niemandem dieser Gruppe bekannt.

Auch eine gelegentliche Integration in die Gesamtgruppe, vor allem, wenn es sich um eine Aktion gegen Außenstehende handelt, gewährleistet nicht, dass die Außenseiterposition auf Dauer abgelegt wurde. Ein anschauliches Beispiel aus der Grundschule:

> Roland aus der 3. Klasse (siehe Kap. 1.7) tat sich besonders hervor, als sich die Aggressionen der Klasse gegen ein fremdes Mädchen richteten, die in den Raum gekommen war und die Rückgabe eines Gegenstandes, den sie auf dem Schulhof verloren hatte, forderte. Sie wurde angebrüllt und geprügelt. In dieser Situation war Roland voll als Gruppenmitglied anerkannt. Als aber die Schulleiterin hinzukam und Rechenschaft von den Kindern forderte, gaben alle an, sie hätten nur gebrüllt. Richtig geschlagen habe nur einer: Roland.

2 Sichtweise der Außenseiter

Die Mobbingopfer erachten das Verhalten der Mehrheit

- entweder als für sie unerklärlich,
- oder sie halten die anderen für unreif, dumm, bösartig,
- oder – schlimmstenfalls – sie halten sich selber für nicht liebenswert oder gar für verabscheuungswürdig.

Wenn ich mit den Schülern über Mobbing spreche und es um den Kreisprozess geht, stelle ich das Verhalten des Ausgegrenzten als Reaktion auf die Mehrheit dar.

Dabei bleibt ungeklärt, warum zum Beispiel der eine das Muster „Prahler", der andere „Clown" wählt. Tatsächlich ist es jedoch so, dass manche Kinder schon „von Haus aus" eine solche Strategie mitbringen, sie also nicht erst durch die Klassensituation entsteht – wohl aber verstärkt wird. Da die ohnehin stärkere Mehrheit versucht, jede Verursachung von sich zu weisen, lasse ich diesen für die Mobber entlastenden Aspekt gern aus, weil dadurch die Lage des Außenseiters nur schwieriger würde.

3 Stabilisierung der Außenseiterrolle

Die Haltung der Schüler ist das Resultat unbewusster psychischer Vorgänge, die nicht leicht zu vermitteln sind, da den Jugendlichen psychologische Kenntnisse und Betrachtungsweisen wenig vertraut sind.

Ich will hier einige Erkenntnisse zusammenstellen, die man, mit Beispielen veranschaulicht, auch Schülern nahebringen kann, um einen Anti-Mobbing-Unterricht zu gestalten.

Oftmals werden einem Schüler von der Klasse negative Eigenschaften zugeschrieben, die er gar nicht hat oder nicht mehr als die anderen auch. So wird bei dem einen Schüler ein Missgeschick (z.B. Fallenlassen des Messgerätes) als Ausnahme, bei dem anderen als schon zu erwartende typische Handlung etikettiert. (In Frankfurter Mundart: „Immer der Dappes!") Bei dem einen Schüler wird eine unsinnige oder ungeschickte Formulierung belacht und dann wieder vergessen, bei dem anderen als „typisch für diesen Blödmann" bezeichnet und immer wieder zitiert (weiter unten: Filterwirkung des Vorurteils).

Diese Einseitigkeit, diese Vorurteilsbereitschaft wird nicht als solche wahrgenommen. Sie hat psychologische

Ursachen und Funktionen, sie wirkt gegenüber der Minderheit in der Klasse genauso wie gegenüber der Minderheit in der Gesellschaft (wo sie übrigens auch erforscht wurde).

a) Psychologie des Vorurteils

Außenseiter übernehmen (natürlich gegen ihren Willen) einige für die Mehrheit nützliche Funktionen. Die Einstellung ihnen gegenüber ist in Klein- wie in Großgruppen von Vorurteilen geprägt, die der Mehrheit psychischen Gewinn bringen.

Integration

Der Klassenzusammenhalt wird gewährleistet, wenn alle gemeinsam gegen einen zusammenhalten. Dies gilt auch für größere Gruppen: Die Probleme mit den „Kumpels" (Rivalität, Neid, Enttäuschungen usw.) können – kurzzeitig – vergessen werden, solange man zusammen als Fans von Eintracht Frankfurt gegen die Bayern solidarisch ist.

Gleiches Prinzip, aber in schlimmster Ausprägung: Auch politische und gesellschaftliche Konflikte verkleinern sich scheinbar, werden geradezu belanglos, wenn zum Beispiel „das deutsche Volk" gegen „die jüdisch-marxistische Bedrohung" zusammensteht, wie das die Nationalsozialisten darstellten.

Projektion

Regungen, die man sich selbst nicht zugestehen will, werden auf andere übertragen:

„Die Asylanten wollen einen Haufen Geld, möglichst nichts arbeiten und sind noch hinter unseren Mädchen her." Dabei hätten unsere Lehrlinge, die das sagen, gern selbst viel Geld, ohne sich dafür abrackern zu müssen. Dann, so glauben sie, hätten sie es vielleicht auch bei den Mädchen leichter.

„Der Alex (Außenseiter in der Klasse) will sich nur vorm Unterricht drücken!" Dabei würden die anderen erst recht gern schwänzen.

Selbstwerterhöhung

„Auch wenn ich vielleicht kein besonderer Schüler bin, so bin ich doch wenigstens kein Angsthase, Streber, Schleimer, Angeber, Spinner … wie der da." Durch die Ausgrenzung werden Außenseiter erniedrigt, man selbst steht damit automatisch höher.

„Auch wenn ich beruflich keine Karriere gemacht habe, so bin ich doch wenigstens ein Deutscher und kein Türke", so fühlt sich mancher, auch wenn es ihm in der Verknüpfung mit seinem sozialen Status nicht so bewusst ist.

Aggressionsrealisation

Die Konflikte dort auszutragen, wo sie entstanden sind, würde bedeuten, in Bereichen in Streit zu leben, wo man auf Harmonie aus ist. Wenn ich mich mit meiner Familie, mit den Freunden, den Kollegen und Vorgesetzten verkrache, ist das von großem Nachteil für mich. Wenn ich meine Aggressionen, die von dort herrühren, an Minderheiten auslasse, verschafft mir das (zunächst) innere Erleichterung, ohne dass ich mich mit meinem Innenkreis anlegen musste. (Auch Zerstörungswut, ausgelassen an Gegenständen, die gar nichts mit der

Entstehung der Aggression zu tun haben, werden zum Teil so erklärt.)

Objekt dieser Aggressionsrealisation kann im Kleingruppenbereich das Mobbingopfer sein, im gesamtgesellschaftlichen Bereich die Minderheit (Ausländer, Behinderte ...).

Dabei bedeutet diese „Entladung" in Wirklichkeit keine Herabsetzung der Aggressivität, sondern häufig noch eine Steigerung, weil ja erstens die eigentlichen Ursachen, die die Aggression hervorriefen, nicht beseitigt sind und zweitens mit dem Überschreiten der Hemmschwelle Gewalt künftig leichter ausgeübt wird.

b) Die Filterwirkung des Vorurteils

Es fällt einem Lehrer schwer, die negative Einstellung der Klasse gegenüber einem Außenseiter zu ändern. Denn das Bewusstsein des Menschen nimmt all die Ereignisse, die das Vorurteil stärken, als Beweis für die Richtigkeit seiner Ansicht auf. Wahrnehmungen, die gegen das Vorurteil sprechen, werden unbewusst als Ausnahme abgetan.

Beispiel aus dem täglichen Leben: Wenn einer Autofahrerin der Wagen auf der Kreuzung ausgeht: „Typisch Frau." Wenn sie besser fährt als die Männer (was sich nur schwer erweisen lässt): „Ausnahmen bestätigen die Regel." Männer mit dem Vorurteil, Frauen können nicht Auto fahren, haben „unzählige Male" die Erfahrung gemacht, dass ihre Überzeugung so verfestigt ist, dass Argumente kaum dagegen ankommen.

Diese Filterwirkung ist übrigens im täglichen Leben, wenn damit nicht Minderheiten (oder allgemein Menschen, denn Frauen sind keine Minderheit!) diskriminiert werden, geradezu unentbehrlich. Ein triviales Beispiel:

Wenn uns einmal ein Blumenstock von einer Fensterbank vor die Füße fällt, während wir auf dem Bürgersteig gehen, ist es äußerst sinnvoll und nützlich, davon auszugehen, dass dies eine sehr seltene Ausnahme war und wir weiterhin ohne Ängste spazieren gehen können.

4 Wie Vorurteile gelernt werden

Aus der Attitude-Forschung wissen wir, dass Kinder zuerst die Handlung, dann das Gefühl und erst zum Schluss die rationale Begründung dafür lernen. Das Kind erlebte zum Beispiel im Dritten Reich erst das Abwenden und die abfällige Handbewegung, wenn die Eltern einen Juden sahen, später das negative Gefühl den Juden gegenüber und erst, als es älter war, die Begründung: „Die Juden sind der Untergang Deutschlands." Darum ist es so schwer, beim Abbau von Vorurteilen am Verstand (Aufklärung, Information usw.) anzusetzen, weil dies bei der Genese der negativen Einstellung erst die letzte Schicht darstellt und keineswegs die wichtigste. Reihenfolge:

1. Handlungsebene
2. Gefühlsebene
3. kognitive Ebene

Als nützliche Beispiele für den Lehrer im Unterricht: Bei den Bestrebungen in den USA im letzten Jahrhundert, die Sklaverei abzuschaffen und die Schwarzen den Weißen gleichzustellen, wurde die Arbeit auf intellektueller und ethisch-moralischer Ebene bei weitem übertroffen durch eine Ansprache des Gefühls:

Beecher-Stoves Roman „Onkel Toms Hütte" bewegte die Amerikaner mehr als alle Kampagnen zuvor. Die lebendige Schilderung von unterdrückten Menschen, das Ein- und Mitfühlen bewirkte die engagierte Parteinahme für die Sklaven mehr als alle papierenen Appelle an die Menschlichkeit.

Oder die (relativ kitschige) amerikanische Serie „Holocaust", die in den 70er Jahren im deutschen Fernsehen gezeigt wurde, sorgte für mehr Diskussion und Betroffenheit als alle Dokumentarfilme zuvor, die sich mit objektiven Darstellungen an den Intellekt richteten, während der Film Einfühlung ermöglichte. Die Zahlen der Statistiken, wie viele Juden vergast wurden, oder Fotos der Vernichtungslager wandten sich an den Verstand, während die detaillierte Schilderung des Lebens der Juden erst eine Identifikation mit den Opfern hervorrief.

Als beste Methode, Fremdenfeindlichkeit abzubauen, gilt nicht die rationale Aufklärung allein, wie die anderen wirklich sind und wie inhuman sie behandelt werden, sondern der persönliche Kontakt mit Ausländern; es gilt also, neues Lernen vor allem auf der Handlungs- und Emotionsebene zu ermöglichen.

Für die Schulklasse bedeutet dies: Der Träger der Rolle „Mobbingopfer" muss als Person sichtbar werden, als Mensch mit Gefühlen, mit Stärken und Schwächen.

5 „Wahrnehmungs"-Experimente

Sehr aufschlussreich für das Verhalten in der Gruppe sind Experimente im psychologischen Labor folgender Art:

> Angeblich geht es darum, in kürzester Zeit zwei Geraden oder Rechtecke in ihrer Größe zu vergleichen, die z. B. mit einem Diaprojektor kurzzeitig auf die Leinwand projiziert werden. In Wirklichkeit ist von einer Gruppe aus mehreren Mitgliedern nur einer die Testperson. Die

anderen sind eingeweiht und treffen nach Absprache und Anweisung des Versuchsleiters falsche Aussagen. So behaupten alle ab einem verabredeten Zeitpunkt, Gerade A sei länger als B, obwohl deutlich zu erkennen ist, dass das nicht stimmt. Die davon nicht eingeweihte Testperson muss als letzte ihre Einschätzung äußern. In solchen Experimenten zeigt sich immer wieder, dass sie oftmals versucht, sich der Gruppe anzupassen, nicht aufzufallen, nicht zum Außenseiter zu werden. Die meisten Testpersonen schließen sich der Mehrheit an, auch wenn sie erkennen oder erkennen müssten, dass dies falsch ist.

Was das für Gruppen in der Schulklasse wie in der Gesellschaft bedeuten kann, liegt auf der Hand: Um in der Gruppe nicht anzuecken, um nicht an den Rand oder in Außenseiterposition zu geraten, werden Tatsachen nicht anerkannt oder einfach verdreht. Und es ist aufgrund anderer Experimente auch zu befürchten, dass solche Anpassung aus Angst vor der Gruppe auch um den Preis des Verstoßes gegen die eigenen moralischen Maßstäbe geschehen könnte, wenn es gegen Außenseiter bzw. Minderheiten geht – in der Kleingruppe „Schulklasse" wie auch in gesellschaftlichen Großgruppen.

6 Keine leichte Aufgabe für den Lehrer

Ohne Zweifel gehört es zu den unabweisbaren Aufgaben des Lehrers, Mobbing zu unterbinden, den Mobbingopfern zu helfen. Wenn soziale Lernziele wie Solidarität, Kooperation, Empathie keine Leerfloskeln bleiben sollen, müssen die Konflikte in der Klasse, in der Einzelne diskriminiert werden, aufgegriffen und bearbeitet werden. Sicher könnte manchem späteren Mobbing am Arbeitsplatz vorgebeugt werden oder könnten doch wenigstens diese Schüler als Beschäftigte in der Lage sein, die Verhaltensweisen zu erkennen und zugunsten der Opfer einzugreifen.

Doch noch vor allen sozialen Zielen hat der Lehrer die Pflicht, Schüler vor seelischen und körperlichen Schäden zu bewahren, wie sie erwiesenermaßen als Folgen des Mobbing auftreten können. Niemand weiß, wie viele Ängste in und vor Gruppen, wie oft Menschenscheu, Misstrauen, Neid und Missgunst auf das Konto von Mobbingerfahrungen in der Schulzeit gehen, von den körperlichen Gesundheitsschäden einmal ganz abgesehen.

Häufig meinen Lehrer, bei der Stoffesfülle ihres Lehrplanes verbleibe keine Zeit, sich mit sozialem Lernen aufzuhalten. Doch meist ist das Gegenteil richtig: Wegen gravierender Konflikte in der Klasse ist ein zielstrebiges Arbeiten stark eingeschränkt. Der Rang, den ein Schüler in der Klassenhierarchie einnimmt, die Gefahr, in Außenseiterposition zu geraten, wird von ihm als viel wichtiger empfunden als die Beherrschung irgendwelcher grammatikalischer Regeln. Da kann es der Schüler für erforderlich halten,

- eben gerade keine Leistungen zu erbringen, um nicht in den Geruch des Strebers zu geraten, oder
- die Unterrichtsstörungen des Gruppenführers zu unterstützen, um nicht als Spielverderber oder gar als Feigling dazustehen.

Außerdem wissen wir aus der Psychologie, dass der Vorgang des Lernens, der Aufnahme von neuem Wissen und der Erinnerung an schon Gelerntes sehr vom sozialen Klima abhängt. So werden zum Beispiel Informationen besser aufgenommen und erinnert, wenn mit ihnen zugleich eine Verknüpfung mit Wohlbefinden in der Gruppe gegeben ist. In einer unangenehmen, bedrohlichen oder gar offen feindseligen Atmosphäre wird alles schlechter behalten, dafür lieber und leichter verdrängt und vergessen. Der Vorgang des Erinnerns ist (auch) ein elektrophysikalischer Vorgang im Gehirn. Angst und Stress ebenfalls, die geradezu ein elektrophysikalisches Gewitter im Gehirn hervorrufen können und damit das Abrufen von Gedächtnisinhalten erschweren, wenn nicht gar verhindern.

7 Manchmal machen Lehrer beim Mobbing mit

Wie schon gesagt, ist es oft gar nicht einfach, die Gruppenstrukturen der Klasse zu erkennen. Doch auch wenn der Lehrer weiß, wer ein Mobbingopfer ist, bedeutet dies keineswegs automatisch, dass er es immer als seine Aufgabe ansieht, dem Bedrängten zu helfen. Gerade in Klassen mit vielen Unterrichtsstörungen (aber nicht nur dort, das ist sehr lehrerabhängig) arrangieren sich Lehrer bisweilen gern mit den Gruppenführern. Der Lehrer lässt die Klasse in ihrem Umgang miteinander gewähren, dafür werden ihm auch weniger Schwierigkeiten bereitet. Und wenn er gar selbst über den Außenseiter spottet, ist ihm die Zustimmung der Klasse sicher, manche schwärmen sogar von solch tollen Lehrern. Würde er Partei für den einen ergreifen, hätte er die Mehrheit der Jugendlichen gegen sich, was natürlich nicht so angenehm ist wie im umgekehrten Fall. Natürlich läuft dies meist nicht im vollen Bewusstsein der Konsequenzen für das Opfer ab.

Bewusstseinsnäher sind den Lehrern hingegen häufig Bestrafungswünsche, wenn sie es dem Schüler, der ständig den Unterricht stört, gönnen, dass er von seinen Kameraden psychisch oder auch physisch gezüchtigt wird. („Da trifft's den Richtigen.")

In Extremfällen ist es auch manchmal so, dass der Lehrer froh ist, wenn er den Schüler, der ihm Probleme macht, los wird: sei es, dass er die weiterführende Schule verlässt, dass er den Ausbildungsberuf aufgibt, weil er das Mobbing nicht mehr aushält, sei es, dass er (in Grundschule und Sekundarstufe 1) als verhaltensgestört auf die Sonderschule abgeschoben wird.

8 Widerstände in der Klasse

Wenn es sich der Lehrer aber zur Aufgabe gesetzt hat, die Sozialstruktur der Klasse zu verbessern, findet er zunächst wenig Unterstützung von den Schülern. Denn die Rolle des Außenseiters ist von der Mehrheit gewollt und stärkt den Gruppenzusammenhalt, ohne dass dies jemandem recht bewusst würde: Die anderen schließen sich gegen das Mobbingopfer zusammen. Nur dies gewährleistet die Gruppenkonsistenz, schützt vor nervenaufreibenden und bedrohlichen Machtkämpfen um die Ränge in der Hierarchie.

Die Gruppenführer fühlen sich in einer anerkannten Position, anerkannt von der Klasse wie auch offensichtlich von der Gesellschaft: Oben zu sein ist gut, unten will keiner sein. Warum sollten sie das aufgeben, wenn die Mehrzahl sie erst zu dem gemacht hat, was sie sind? Außerdem bekommt mancher der Führer durch seine Stellung in der Klasse erst die nötige Bestätigung, um die eventuell auftretenden schulischen Misserfolge zu kompensieren.

Die Mitläufer sind mit ihrer Rolle auch *relativ* zufrieden. Hierarchien, denken sie, gibt es immer. Also – was soll's? Viele, die mit dem Außenseiter mitfühlen, haben resigniert: Er hat eben Pech, da kann man nichts machen.

Außerdem besteht bei einer Sozialstruktur-Veränderung die Gefahr, in die Position der Außenseiterrolle abzustürzen, vor allem dann, wenn man sich gegen den oder die Gruppenführer stellt.

Der Gemobbte selbst hat oftmals Angst, ins Zentrum der Diskussion gestellt zu werden, wo er befürchtet, erst recht den Angriffen der anderen ausgesetzt zu sein. Viele haben auch schon die Erfahrung gemacht, dass die Parteinahme von Lehrern, Eltern oder anderen Erwachsenen ihnen nicht geholfen hat, sondern im Gegenteil den Graben zwischen ihnen und den anderen Schülern noch vertieft hat.

Darüber hinaus kommen bei einem offenen Gespräch über das Sozialverhalten Dinge zur Sprache, die vielen äußerst peinlich sind und das eigene Selbstwertgefühl beschädigen können. Es drohen nicht nur gehässige Charakterisierungen der Außenseiter, sondern auch erniedrigende Offenlegung von Mitläufertum, Feigheit, Gemeinheit und anderen unangenehmen Sachverhalten der Mehrheit, die lieber kollektiv verschwiegen und tabuisiert werden. Eine vehemente Abwehr durch die Klasse verhindert die offene Thematisierung.

Wenn der Lehrer aber trotz all dieser Schwierigkeiten ein Gespräch mit der Klasse über ihr Sozialverhalten beginnt, muss er mit folgenden typischen Reaktionen der Schüler rechnen:

1. „Es gibt überhaupt keinen Außenseiter. Das ist Ihre Erfindung. Wir machen mit jedem unseren Spaß, nur der X. ist halt vielleicht ein bisschen empfindlich."

Oder:

2. „Sicher, der X. wird oft verulkt. Aber das ist doch Spaß. Der lacht doch selber."

Oder:

3. „Der ist selbst schuld."

Dann kommen Aussagen wie die folgenden:

„Sie müssten mal hören, wie der angibt."

„Der schleimt sich bei allen Lehrern ein."
„Der ist immer gleich eingeschnappt."
„Der hat uns verpetzt."
„Der macht sich dauernd ins Hemd."
„Der bildet sich ein, was Besseres zu sein."
„Der will gar nichts mit uns zu tun haben."
„Der ist so doof, über den muss jeder lachen."
„Der ist so blöd, dass er brummt."

9 Wenn der Lehrer zum Schutze der Mobbingopfer ...

... nun gar nichts unternimmt (weil er z. B. die Unterdrückung nicht für so gravierend hält oder sich für nicht kompetent erachtet einzugreifen), werden die Schüler in ihrem Verhalten noch verstärkt. Denn wenn ihr Verhalten sehr schlimm wäre, würde der Lehrer – so empfinden sie – schon intervenieren.

... die Klasse ermahnt, an ihr Mitgefühl appelliert usw., erreicht er meist nicht mehr als die Eltern, die mit ihren ständigen Ermahnungen, nicht bei Rot über die Straße zu laufen u. Ä., die Kinder nur langweilen.

... mit Gewalt solche Diskriminierungen unterbindet, treten sie an anderen Orten und zu anderen Zeiten (in den Pausen oder bei anderen Lehrern) wieder zutage.

Die Möglichkeiten der Eltern

In den meisten Fällen nehmen die Eltern zuerst wahr, wie es ihrer Tochter, ihrem Sohn in der Schule ergeht. Manche Kinder berichten genau und ausführlich, was sich in der Klasse abgespielt hat. Andere sind dazu nicht in der Lage oder wollen es – aus welchen Gründen auch immer – nicht erzählen. Aber Vater und Mutter spüren, dass ihr Kind unglücklich ist, Angst hat, nicht in die Schule will, oft krank wird.

Das Wichtigste ist nun ein ausführliches Gespräch. Das ist aber nicht ganz einfach; es gut zu meinen, bedeutet noch lange nicht, es gut zu machen. Die Gefahr ist groß, dass Eltern durch eigene Wut oder Angst, durch ungeschickte Tröstung oder voreilige Ratschläge die Kommunikation beeinträchtigen, anstatt zu fördern. Ich empfehle deshalb (noch einmal) Gordons „Familienkonferenz" oder ähnliche Literatur oder entsprechende Seminare und Kurse bei Volkshochschulen, Kirchen oder anderen Trägern.

Was die Eltern erfahren, müssen sie aufschreiben, protokollieren. Der einzelne Vorfall an sich wird oft als belanglos angesehen, aber die Häufigkeit, Dauer und Intensität der Ereignisse machen das für die Mobbingopfer Bedrängende auch Außenstehenden verständlich.

Die Kinder sind nicht die einzige Informationsquelle. Was haben die Lehrkräfte, andere Schüler und deren Eltern bemerkt? Frühzeitige Informationsgespräche sind unbedingt erforderlich.

Wenn Eltern mit den Lehrern und Lehrerinnen sprechen, müssen sie bedenken, dass die Lehrkräfte vieles nicht wissen können, z. B. was sich auf dem Schulweg und in den Zwischenstunden abspielt oder, besonders in großen Klassen, die heimliche verbale und nonverbale Kommunikation unter den Schülern. Und die Pädagogen werden unter Umstanden das, was ihnen die Eltern erzählen, nicht gleich für so gravierend halten,

- weil sie ganz andere Wahrnehmungen gemacht haben;
- weil sie gerade zuvor mit überbehütenden und überängstlichen Vätern oder Müttern gesprochen haben, die unrealistische Befürchtungen hatten;
- weil sie die Bestrafungswünsche der Eltern gegenüber einem aggressiven Mobber zurückweisen wollen oder müssen. (Eventuell hat der Lehrer Informationen über einen verhaltensgestörten „Täter", der selbst in einem anderen Zusammenhang Opfer ist, was er den Eltern aber nicht preisgeben kann.)

Sehr hilfreich ist es dann, wenn die Erziehungsberechtigten detaillierte Aufzeichnungen haben, um der Lehrkraft genau berichten zu können.

Was können Eltern unternehmen?

Als Allererstes müssen sie ihrem Kind Schutz gewähren, damit es das Gefühl haben kann, wenigstens in der Familie geborgen zu sein, mit allen Schwächen angenommen zu werden, alles erzählen zu können. Manchmal neigen Eltern dazu, ihr Kind wegen Gefühlen wie Angst oder Wut, wegen Rachegedanken oder bestimmter Handlungsweisen zu tadeln. Das hilft aber dem Sohn oder der Tochter nicht, sondern erzeugt eher die Furcht, auch zu Hause sich verstellen und verbergen zu müssen. In einer solchen Situation brauchen die Kinder noch mehr Zuwendung, Trost und Verständnis. Deshalb sollen die Eltern Angst, Wut und Rachegedanken nicht gleich zurückweisen, sondern als Teil eines Verarbeitungsprozesses sehen.

Wenn die Kinder alt genug sind, um es zu verstehen, können ihnen die Eltern die gruppendynamischen Mechanismen des Mobbing erläutern. Es hat eine ungemein entlastende Funktion, wenn sie durchschauen, dass sie keineswegs minderwertig sind, auch wenn die Mehrheit der Klasse so tut. Sie können dann auch verstehen, warum manche Mitschüler ganz nett sind, wenn man mit ihnen allein ist, und entsetzlich gemein, wenn sie im Klassenverband sind.

Wenn sich bei dem Mobbingopfer das typische Abwehrverhalten (s. S. 44 ff.) verfestigt hat, müssen ihm die Eltern helfen, davon wieder loszukommen, weil das Prahlen, Sich-Anbiedern usw. stets eine neue Quelle der Ablehnung durch die Klasse darstellt. Dazu ist als erstes das von den anderen beanstandete Verhalten genau zu erfassen. Das ist schon ein hartes Stück Arbeit, denn wer möchte sich gern die Rolle des „Angebers", „Schleimers" etc. nachsagen lassen. Gemildert wird es ein wenig dadurch, wenn zu erkennen ist, dass auch andere in diesem Alter die Neigung haben, sich herauszustellen, die Anerkennung der Lehrkraft zu suchen usw. – allerdings mit dem Unterschied, dass nur die Verhaltensweisen des Opfers, nicht die der Mehrheit an den Pranger gestellt werden.

Die Verhaltensänderungen müssen vor dem nächsten Schultag gemeinsam geplant werden: Oftmals sind das Unterlassungen von stereotypen Verhaltensweisen wie prahlen, sich an die Lehrkraft wenden, alberne Bemerkungen machen. Oder es sind Reaktionsweisen auf Mitschüler, wie z. B. sich zu Wutäußerungen provozieren lassen, den Clown spielen, ängstlich den Blick senken.

Die Vielfalt möglicher Reaktionen ist zu groß und zu individuell, als dass sie hier einzeln erörtert werden könnten. Wichtig ist die Mitplanung durch die Kinder, der eigene Wunsch, das Verhalten in der konzipierten Weise zu verändern, sonst sind alle Bemühungen vergeblich.

Nach dem Schultag muss besprochen werden, wie das Kind die angestrebten Veränderungen umsetzen konnte. Man muss sich darüber im Klaren sein, dass komplexe Verhaltensänderungen dieser Art nicht von heute auf morgen gelingen, dass man mit kleinen Schritten zufrieden zu sein hat und immer mit Rückschritten zu rechnen ist. Denn im Stress, in dem sich das Mobbingopfer befindet, sind die Möglichkeiten der Wahrnehmung und alternativen Verhaltens sehr eingeschränkt. (Zum Verständnis: Das ist ein Teil des Erbes, das uns die Steinzeitvorfahren hinterlassen haben. Um zu überleben, war es für sie erforderlich, in Gefahrensituationen nicht lange zu überlegen, sondern sofort nach eingeprägten Mustern zu handeln.)

Vielfach wird es sinnvoll sein, für diesen Prozess die fachliche Hilfe von psychologisch geschulten Beratern in Anspruch zu nehmen.

Im Allgemeinen ist jedoch die Lösung nicht in der Verhaltensänderung des Opfers, sondern der Klasse zu suchen, die Lehrkräfte müssen soziales Lernen in Gang setzen. Das ist das Thema im nächsten Kapitel.

Es gibt aber auch Fälle – die wirklich nicht die Regel darstellen –, bei denen gestörte Schüler Außenseiter körperlich oder verbal so misshandeln, dass dies augenblicklich unterbunden werden muss. Hier müssen die Klassenlehrer sofort verständigt und zum Eingreifen aufgefordert werden, sei es, dass sie in Absprache mit der Schulleitung oder mit Kollegen pädagogische oder disziplinarische Maßnahmen ergreifen, sei es, dass sie einen Schulpsychologen einschalten. Die Schulen haben verschiedene Möglichkeiten und sind rechtlich dazu verpflichtet, alles zu unternehmen, um die ihnen anvertrauten Schüler und Schülerinnen vor Schaden zu bewahren. Wenn nichts dergleichen geschieht, können sich Eltern auch direkt an die Schulaufsicht wenden. An die Einhaltung des Dienstweges (wie die Lehrkräfte) sind sie nicht gebunden.

Verschiedentlich haben Eltern auch schon selbst die Initiative ergriffen, um andere Schüler und Schülerinnen als Freunde für ihr Kind zu gewinnen. Sie luden sie zum Kindergeburtstag ein und baten die anderen Eltern um Unterstützung. Vereinzelt zeigte dies auch Erfolg, es kam zu einer besseren Akzeptanz, Hänseleien und Ausgrenzung wurden reduziert. Häufiger jedoch wurde mir von einem Fehlschlag berichtet: Auf Anordnung ihrer Väter und Mütter kamen die Kinder zwar zur Hausparty, bildeten dort jedoch eine verstockte und verschworene Gemeinschaft, verhielten sich versteckt aggressiv oder demonstrativ gelangweilt. In einem Fall war es so schlimm, dass anschließend das gemobbte Kind die weinende Mutter tröstete.

Weitaus viel versprechender ist es, die anderen Eltern zu überzeugen, gemeinsam mit den Lehrerinnen und Lehrern eine Konzeption zu entwickeln, wie soziales Lernen in der Schule vorangebracht werden kann. Denn die Eltern der Mobber und Mitläufer müssen auch ein Interesse daran haben, dass die soziale Kompetenz ihrer Kinder zunimmt. Das ist vor allem eine Frage der Ethik. Aber darüber hinaus kann es auch eigenen Zwecken dienen: Wer jetzt Täter und nicht Opfer ist, kann durchaus in einer anderen Konstellation und zu einem anderen Zeitpunkt in die Rolle des Außenseiters geraten. Und später, im Berufsleben, wird in den Personalabteilungen oftmals für höher qualifizierte Aufgaben mit Hilfe eines Assessment-Centers ermittelt, wer zu unsozialem Verhalten neigt und somit nicht eingestellt wird, damit sich das Unternehmen nicht Leute ins Haus holt, die durch ihr Mobbing hohe Schäden verursachen.

Die Möglichkeiten des Lehrers

Ich will im Folgenden grundlegende Richtungen aufzeigen, was man für die Verbesserung der Situation der
Außenseiter unternehmen kann:

1. Gespräch mit dem Mobbingopfer
2. Maßnahmen, ohne die Problematik mit den Schülern
   zu erörtern
3. Thematisieren des Gruppenverhaltens in der Klasse

Auf einzelne Vor- und Nachteile werde ich bei der Vor-
stellung der Verfahren eingehen. Vorab lässt sich
grundsätzlich sagen, dass die Maßnahmen ohne Diskussion des Sozialverhaltens zunächst leichter erscheinen, weil sie bei den Schülern weniger Abwehr hervorrufen, vor allem dann, wenn sie gar nicht bemerken,
dass es um eine soziale Integration der Außenseiter
geht. Der Nachteil dabei ist allerdings gravierend: Sie
erwerben wenig oder gar nichts Neues an Sozialkom-
petenz. (Umgekehrt lernen sie, die verschiedenen Arten des Mobbing anzuwenden.)

Dennoch wird diese verdeckte Intervention von vielen deshalb vorgezogen werden, weil sie fürchten, nicht
genügend Kompetenz in Bezug auf Gruppendynamik
zu haben, und sich sorgen, sie könnten die Situation des
Außenseiters ins Unerträgliche verschlimmern statt zu
verbessern.

Zwei wesentliche Einschränkungen will ich aber den
Ausführungen voranstellen:

1. (An anderer Stelle schon erwähnt:) Psychisch kranke Schüler können von Lehrern nicht therapiert werden, sondern bedürfen fachlicher Hilfe von Ärzten und Psychologen.

2. Es gibt (zunehmend mehr) Klassenkonstellationen, in denen Lehrer überfordert sind, Unterricht zu halten. Wenn Unruhe, Störungen, verbale und körperliche Gewalt (eventuell noch bei großer Schülerzahl) jegliche sinnvolle Kommunikation verhindern, ist auch kein Anti-Mobbing-Unterricht möglich.

Bei diesen beiden Punkten scheint es mir wichtig, dass Lehrer sich vor Augen halten, dass dies keine pädagogisch lösbare Aufgabe ist und sie sich nicht für das Scheitern daran selbst die Schuld geben. Diese Probleme sind auf politischer Ebene zu bearbeiten und dürfen nicht einfach den Lehrern aufgebürdet werden, wie dies jedoch immer häufiger geschieht: „Hier, unterrichte! Mit den Widrigkeiten hast du fertig zu werden."

Bisweilen setzen sich die Kollegen dadurch gegenseitig unter Druck, dass sie eigene Schwierigkeiten nicht einräumen und die der anderen als Schwäche bezeichnen: „Also *ich* habe mit den Jungen keine Probleme!" Das ist ein unsoziales Verhalten von Lehrern untereinander.

Andererseits darf auch nicht zu früh die Verantwortung abgeschoben werden. Unterricht, der die Schüler überfordert oder unterfordert, der sie langweilt oder in die Passivität zwingt, lässt Aggressionen wachsen, lässt sie auf „gelernte" Verhaltensweisen wie Mobbing zurückgreifen.

Wenn die Schüler das Gefühl haben, dass der Unterricht unwesentlich ist, dass nichts Wichtiges gelernt wird, beschäftigen sie sich mit dem, was sie für bedeutend halten, z. B. das Behaupten in einer Gruppe. Und wenn Schüler durch Lehrer gelangweilt oder frustriert werden, erzeugt dies Aggressionen, die an ganz anderer Stelle, nämlich im Verhalten gegenüber Einzelnen, auftreten können.

Besonders will ich hier auf die (schon lange bekannte) Problematik der Notengebung verweisen: Wenn die Zensuren an der Gaußschen Normalverteilung orientiert sind, bedeutet dies, dass immer Schüler schlechte Noten erhalten, selbst wenn sie nach anderen Kriterien (z. B. Erreichen der Lernziele) durchaus erfolgreich wären. Meines Erachtens ist dies eine von der Schule selbst geschaffene Quelle von Stress, Angst und Frustrationen.

1 Das Gespräch mit dem Mobbingopfer

Bevor man als Lehrkraft mit der gesamten Klasse über das Sozialverhalten sprechen will, muss dies zuvor auch erst mit dem Gemobbten erörtert und seine Zustimmung eingeholt werden (mehr dazu später). An dieser Stelle will ich das Gespräch mit dem randständigen Schüler als Einzelmaßnahme betrachten.

Als Erstes kann man nur von ihm erfahren, wie es ihm in der Klasse geht. Seine Sichtweise der Verhältnisse, seine Wahrnehmung, seine Not, wie er sie empfindet, sind die Basis für jede weitere Maßnahme. Voraussetzung für ein solches Gespräch sind zwei Bedingungen:

1. Der Schüler muss Vertrauen zum Lehrer haben, sonst wird er sich nicht öffnen.
2. Der Lehrer muss den Schüler mögen, sonst kann er ihm nicht wirklich helfen.

Dass er nicht alles billigt, was das Mobbingopfer tut, ist kein Hinderungsgrund, aber es muss eine positive

Grundstimmung geben. Sollte das nicht der Fall sein, wird sich besser eine andere Lehrkraft oder der schulpsychologische Dienst einschalten.

Da seine Verhaltensweisen (skizziert als der Schwierige, der Prahler, der Clown, der Flüchtende, der Sich-Anbiedernde) eine Reaktion auf die Mehrheit ist, wird in den allermeisten Fällen ein Ansetzen am Verhaltensrepertoire des Opfers keine wesentliche Besserung bringen, wenn auch immer wieder von den Mitschülern gefordert wird: *„Der* muss sich ändern."

Dennoch gibt es vereinzelt Schüler, die ihre Außenseiterrolle in einer vorhergehenden Gruppe stark ausgeprägt haben und in der jetzigen Klassensituation gar nicht so sehr ausgegrenzt würden, wenn sie sich nur anders darstellten.

Zum Beispiel kann es sein, dass in der neu zustande gekommenen Klasse gleich ein Jugendlicher die Nähe und Anerkennung des Lehrers in einer Weise sucht, die die anderen vor den Kopf stoßen muss. Das Schimpfwort „Schleimer!" wird bald durch die Klasse gehen. Sicher hat er in der vorigen Schule nur durch sein besonderes Verhältnis zu den Lehrkräften Schutz und Anerkennung gefunden. In dieser Lerngruppe wäre eine solche Verhaltensweise aber nicht erforderlich gewesen, im Gegenteil, gerade dadurch gerät er wieder in die Schusslinie.

Das wäre ein mögliches Beispiel dafür, dass eine Änderung auf der Seite des Gemobbten doch eine Besserung bringen kann. Wenn man dies erkannt hat, sollte man aber so schnell wie möglich tätig werden, weil es immer schwieriger wird, festgefahrene Kommunikationsstrukturen zu verändern.

Für ein konstruktives Gespräch empfehle ich (wie schon an anderer Stelle erwähnt) die Verfahren, wie sie

Thomas Gordon in seinem Buch „Lehrer-Schüler-Konferenz" vorstellt. Welchen Nutzen das „aktive Zuhören" (nach Gordon) bringen kann, will ich an einem Beispiel verdeutlichen, das auch einen Einblick in die Prinzipien dieser Art von Gesprächsführung gewähren soll.

> Situation: Der Schüler ist während der Stunde von vielen Klassenkameraden gehänselt worden. Er packt umständlich seine Tasche, so dass er als Letzter im Raum ist und seiner Wut Ausdruck verleiht: „Die sind alle so bescheuert!!! Gerade der Maik, der so blöd ist, wie man nur sein kann, muss dauernd hetzen."

In vielen Fällen werden Lehrer so reagieren, wie es Gordon unter dem Stichwort „Sprache der Nicht-Annahme" beschreibt:

Trösten: „Mach' dir nichts draus. Beim nächsten Mal werden sie einen anderen hochnehmen und dich in Ruhe lassen."
Loben: „Lass es an dir abprallen. Du bist viel besser als die!"
Abwiegeln: „So schlimm war es doch gar nicht. So Scherze muss man wegstecken."
Tadeln: „Willst du jetzt andere verpetzen?!"
Besserwissen: „Überleg' dir mal zu Hause, wo du selbst den Anlass gegeben hast."

Das Ergebnis ist in allen Fällen, dass der Lehrer seine Ruhe hat und der Schüler mit seinem Problem allein bleibt.

Beim aktiven Zuhören ermutigt der Lehrer den Schüler weiterzusprechen, indem er dessen Gefühl, das hinter der Aussage steckt, zum Vorschein zu bringen versucht:

Aussage des Schülers: „Die sind so bescheuert!" Das ist eine Tatsachenbehauptung, die vordergründig nichts mit ihm zu tun hat, sondern nur mit den anderen. Der Lehrer bringt das Gefühl auf den Punkt: „Du hast dich sehr über sie geärgert."

Dadurch wird der Schüler ermutigt, mehr zu erzählen und auch zu seinem Gefühl zu stehen.

Zum Beispiel:

Schüler: „Die sind nur neidisch, weil ich in der Lehrwerkstatt einfach besser bin."

Lehrer: „Du hast das Gefühl, dass du besser bist, und das den anderen nicht gefällt."

Schüler: „Ich geb' mir auch mehr Mühe. Das hat auch Herr Lehnert gesagt."

Lehrer: „Herr Lehnert ist dein Meister?"

Schüler: „Ja. Und wenn der meine Arbeit anerkennt, ist das doch noch lange keine Arschkriecherei! Oder?"

Lehrer: „Du meinst, die anderen unterstellen dir, dass du dich anbiederst?"

Schüler: „Ja. Dabei will ich das gar nicht. Soll ich vielleicht nur deshalb alles falsch machen, damit die anderen nicht sagen können, ich wär' ein Schleimer?!"

Lehrer: „Das hältst du ja selber nicht für die Lösung."

Schüler: „Nein, aber vielleicht könnte ich doch mehr drauf achten, dass ich nur noch dann zu ihm hingehe, wenn es wirklich nötig ist."

In manchen Fällen kann durch ein solches Gespräch der Schüler zu einer Einsicht kommen, wie er zur Lösung des Problems beitragen kann. Meistens ist die Lage aber schwieriger und kann nur im Verbund mit der Klasse verbessert werden. Dann bietet ein solches Gespräch aber immerhin die Vorteile, dass sich der Schüler angenommen und verstanden fühlt und der Lehrer detailliert erfährt, welche Konflikte hinter den Ereignissen, die er heute in der Klasse erlebt hat, stehen.

2 Außenseiter integrieren, ohne mit der Klasse darüber zu sprechen

a) *Aufwertung des Schülers im Frontalunterricht*

Der Vorteil hierbei liegt darin, dass an der am weitesten verbreiteten Unterrichtsform, dem Frontalunterricht, nur wenig geändert werden muss. Der Lehrer steuert den Unterricht ohnehin allein und kann deshalb die folgenden Maßnahmen auch leicht ergreifen. Nachteilig ist es zum einen, dass es ein langwieriger Prozess ist, bis der Jugendliche langsam aus seiner unerwünschten Rolle herauskommt, zum anderen, dass das soziale Lernen der Klasse hierdurch nicht gefördert wird.

Wirkungsvoll ist ein solches Vorgehen vor allem dann, wenn die Einzelnen sich in der Klasse wohl fühlen und die Position des Außenseiters zur Festigung der Gruppe eigentlich gar nicht mehr gebraucht würde, sondern nur noch gedankenlose und eingeübte „Tradition" ist.

Das Prinzip besteht darin, dass der Lehrer den in der Sozialhierarchie unten stehenden Schüler dadurch aufwertet, dass er ihm Aufgaben überträgt, die er gut beherrscht und die dem Fortgang des Unterrichts dienlich sind. Ein paar Beispiele, wenn der Schüler besondere Stärken hat:

Hat der Schüler zum Beispiel eine schöne Handschrift, schreibt er die Ergebnisse an die Tafel oder auf den Overheadprojektor oder trägt sie in das Arbeitsblatt ein, das dann alle als Korrektur zu dem von ihnen selbst ausgefüllten erhalten.

Es ist wichtig, dass dieser Schüler häufig zu diesem Zweck herangezogen wird, damit diese Funktion als seine Rolle anerkannt und gewürdigt wird.

Kann er gut Kopfrechnen, setzt der Lehrer dies verstärkt ein und fragt ihn in solchen Fällen zur Kontrolle: „Hast du mitgerechnet? Stimmt das?" Wenn dieser Schüler das bejaht, bedeutet das, dass der Lehrer sich voll auf ihn verlässt, seine Aussage hat Gültigkeit.

Oft ist man darüber erstaunt, wenn man sich mit den Schülern außerhalb des eigentlichen Unterrichtsstoffes beschäftigt, was sie an Speziellem aufzuweisen haben. Der eine hat zum Beispiel einen Computer mit Drucker, er kann eventuell mit einem guten Programm ein Informationsblatt für alle erstellen. Ein anderer besitzt eine aufwändige Fotoausrüstung. Er kann den Versuchsaufbau fotografieren, ein Klassenfoto machen, eine Fotodokumentation eines Ausfluges oder einer Besichtigung erstellen. Es kommt darauf an, dass er für die Klasse „der Fotograf" wird und nicht mehr (z. B.) „der Clown". Gleichzeitig werden sich auch seine zwanghaften und fatalen Handlungsweisen (die Clownereien) vermindern.

Häufig lassen sich aber keine unterrichtlich verwertbaren Stärken entdecken. Dann kann der Lehrer ihm auch welche vermitteln und dann darauf achten, dass sie im Unterricht zur Geltung kommen.

Olli war ein ängstlicher und hilfloser Schüler mit wenig Erfolg in den Klassenarbeiten. Die anderen lachten über ihn, weil ihm ständig Fehler unterliefen, Gegenstände zu Boden fielen, er sich in Sätzen verhaspelte und obendrein leicht errötete. Gern versteckten sie ihm die Schultasche oder riefen seinen Namen, wenn ein Freiwilliger für irgendeine Aufgabe gesucht wurde.

Ich bat ihn einmal, nach Unterrichtsende dazubleiben, um mit ihm über den letzten Test sprechen zu können. Dann ging ich nur kurz auf den Test ein, gab ihm aber dafür meinen Taschenrechner und brachte ihm (sehr mühsam) bei, wie der zu programmieren sei.

Am nächsten Tag ging es in der Klasse darum, eine Tabelle zu erstellen, um dann aufzuzeichnen, wie sich der Wechselstromwiderstand in Abhängigkeit von der Frequenz ändert. Während die anderen mit ihren einfacheren Taschenrechnern jedesmal alles neu eingeben mussten, wobei ihnen Fehler unterliefen, brauchte Olli bei der programmierten Formel immer nur eine Zahl einzutippen, die Rechenoperationen liefen dann automatisch. Es dauerte nicht lange, bis einzelne Schüler zu ihm hingingen, um zu kontrollieren, ob sie richtig gerechnet hatten.

In den folgenden Stunden suchte ich verstärkt nach Aufgaben, die Ollis neuer Fähigkeit entsprachen. Eines Tages hatte dann noch ein anderer Schüler einen programmierbaren Rechner. Und Olli konnte ihm zeigen, wie man das macht. Nach und nach wurde er vom „Dabbes" zu einem Gruppenmitglied, das auch anderen hilfreich sein konnte.

Eine einfachere Möglichkeit ist es, einem solchen Schüler öfters einen Text mit nach Hause zu geben, dessen Informationen dann für die nächste Stunde benötigt werden. Auch so kann jemand zum Spezialisten werden.

Von größter Bedeutung ist dabei, dass den anderen diese zusätzliche Unterstützung des Lehrers nicht bewusst wird, sonst wären alle Bemühungen, einen Imagewechsel herbeizuführen, vergeblich gewesen.

b) Gemeinsame Aktion der Klasse

Wettkampf

Eine weitere Möglichkeit, den Außenseiter in die Klasse zu integrieren, ist es, zum Beispiel, ein Fußballturnier gegen die Parallelklassen zu veranstalten oder ein Geländespiel oder eine andere Sportveranstaltung mit Wettkampfcharakter, bei der die Mitwirkung aller Schüler – ausnahmslos – gefordert ist. Das *kann* die Klasse zusammenschweißen, das Mobbingopfer aus seiner Rolle entlassen, muss aber nicht. Es kann sein, dass der betreffende Schüler beim Spiel gar nicht erst gestellt wird, dass er bei Fehlern ausgiebig verlacht oder dass er zum Sündenbock bei Niederlagen gemacht wird. Der Lehrer muss also vorher schon einiges über dessen sportliche Leistungen wissen, bevor er eine solche Initiative startet.

Mein großter Vorbehalt gegen eine solche Anti-Mobbing-Maßnahme besteht aber darin, dass auch hier wieder ein „Gegner" vonnöten ist. An die Stelle des inneren (nämlich des Mobbing-Opfers) tritt nun der äußere Gegner: die andere Mannschaft. Welch schlimme Folgen das haben kann, ist aus den Massenmedien hinreichend bekannt, wenn die Fans einer Mannschaft über die einer anderen herfallen, ganz zu schweigen von verheerenden Auswirkungen auf politisch-gesellschaftlicher Ebene, von denen wir beinahe täglich in den Medien erfahren.

Soziales Lernen im oben genannten Sinne ist dies nicht.

Projektunterricht

Sehr positiv ist dagegen die Arbeit am Projekt zu sehen. Ich kann hier nicht die Theorie des Projektunterrichts (PU) ausbreiten, will aber kurz skizzieren, warum ich diese Unterrichtsform für die beste von allen halte:

Der PU wird von Lehrern und Schülern gemeinsam geplant und durchgeführt. Welchen Anteil die Schüler an der gemeinsamen Planung haben können, hängt von deren Übung, Vorwissen, Fähigkeiten, Reife ab. Auch wenn Vorschläge und Initiativen vom Lehrer kommen, müssen sie auf jeden Fall an den Interessen und Bedürfnissen der Schüler ansetzen. Denn wenn sie Inhalten oder Methoden ablehnend gegenüber stehen, ist das Projekt schon gescheitert. Deshalb hilft es auch nicht, wenn der Lehrer an den „wohlverstandenen Interessen" der Schüler ansetzt, wenn die didaktische Analyse ergibt, dass *dieser* Unterricht für die Klasse „objektiv" wichtig ist – aber die Schüler mit Ablehnung reagieren.

Unberührt davon und ungeschmälert bleibt die pädagogische Verantwortung des Lehrers: Wenn das von Schülern konzipierte Vorhaben didaktisch nicht zu rechtfertigen ist, muss der Lehrer das den Schülern erklären und kann nicht zum Beispiel Sinnloses oder gar Unmoralisches als Projekt zulassen, weil die Klasse das so will.

Weitere Kriterien des PU sind das fächerübergreifende Prinzip und das Lernen mit allen Sinnen. Die künstliche Reduktion der „Wirklichkeit draußen" auf einen Teilbereich (Unterrichtsfach) und nur auf den Verstand muss aufgehoben werden zugunsten eines lebendigen Unterrichts, bei dem die Schüler sich mit „Kopf, Herz und Hand" einbringen können.

Die „Ernstsituation" – und damit die gemeinsame Aufgabe – entsteht durch die Veröffentlichung, wenn einem Publikum das Projekt oder dessen Ergebnisse vorgestellt werden.

Im Grunde gehört auch die Metakommunikation dazu: nämlich die Erörterung, wie die kollektive Arbeit vonstatten ging, wie der Umgang miteinander war, wie weit sich jeder einbringen und mit dem Handeln identifizieren konnte – eigentlich wäre Mobbing also ein wichtiges Thema. Deshalb wird im nächsten Kapitel auch dargelegt, wie damit direkt unterrichtlich umgegangen werden kann.

Doch nimmt das Projekt weniger Schaden, wenn in diesem Bereich die problematischen Elemente der Behandlung des Außenseiters ausgeklammert werden, weil der Lehrer sich oder der Klasse die direkte Bearbeitung des Mobbing nicht zutraut, als wenn zum Beispiel der Bereich der Selbstständigkeit der Klasse eingeschränkt würde und die Schüler nur auszuführen hätten, was der Lehrer ihnen vorgibt.

Damit dies anschaulicher wird, will ich eigene Projekte als Beispiele aufführen und zeigen, welche Möglichkeiten es gibt, verachteten Außenseitern neue Anerkennung zu verschaffen.

◆ Projekt „Drehstrom"

In einer Klasse „Elektroanlagenelektroniker" hatte ich im dritten Ausbildungsjahr den Lehrgang „Drehstromtechnik" sowie das Fach „Deutsch" zu unterrichten.

Es wäre schön, wenn ich sagen könnte, die Idee zu diesem Projekt stamme von den Auszubildenden oder sei zumindest mit ihnen zusammen entwickelt worden. Leider war es nicht so, der Vorschlag kam von mir, aber ich konnte die Schüler dafür begeistern: Eine Ausstellung mit Demonstrationen zum Thema „Drehstrom".

Die Unterabschnitte dazu waren „Physik des Drei-Phasen-Wechselstromes", „technische Anwendung", „geschichtliche Entwicklung des Drehstromes" und „wirtschaftliche Bedeutung und Ökologie".

Eine weitere Arbeitsaufteilung ergab sich daraus, dass Bücher, Broschüren und andere Informationsquellen ausgewertet werden mussten, dass das Ausstellungs- und Demonstrationsmaterial zusammenzutragen war, Plakatwände zu gestalten waren und Experimente und Vorträge vorbereitet werden mussten. Denn an einem Berufsschultag wurde die Ausstellung im Klassenraum aufgebaut, andere Klassen und Lehrer sowie Ausbilder des Betriebes eingeladen, die alle von Stand zu Stand gingen, wo sie über das jeweilige Unterthema informiert wurden und teilweise kleine Experimente vorgeführt bekamen. Die Schüler wurden sehr gelobt und werteten ihr Projekt als das Ergebnis gemeinschaftlicher Arbeit.

Bei einem solchen Unterrichtsvorhaben gibt es viele Gelegenheiten, einem missliebigen Schüler, auf dem alle herumhacken, zum Status eines anerkannten Gruppenmitgliedes zu verhelfen. Allerdings muss man sich als Lehrer davor hüten, ihn zwangsweise einer Arbeitsgruppe zuzuweisen. Dort geht er unter, wird – je nach Ausprägung – ignoriert, schikaniert oder aggressiv verulkt. Besser kann man ihm helfen, wenn er zunächst (zunächst!) einzeln arbeitet, z. B. die Geschichte des Drehstroms auf ein Plakat schreibt oder einen Versuch aufbaut. Da der Lehrer ohnehin sich einzelnen Schülern und Gruppen zuwendet, sieht, was sie vorhaben, berät, unterstützt, kann er noch wirkungsvoller als beim Frontalunterricht dem Ausgegrenzten unbemerkt helfen, dass sein Beitrag tadellos ist, wenn er ihn in die größere Gruppe einbringt, und vor allem auch sein Verhalten planen, wie er sich darstellt, welches Verhalten er besser lassen und was er statt dessen machen sollte.

Er kann dem „Clown" zum Beispiel klarmachen, dass er den Kondensator nur als „Kondensator" bezeichnet und nicht als „schwulen Kondensator", was bekannterweise sowohl Lachen als auch Stöhnen in der Klasse auslöst. Mit einem anderen kann er üben, wie er der Gruppe seine Informationen weitergibt, ohne dabei überheblich zu wirken.

Es ist zwar in aller Regel so, dass *zuerst* die Ausgrenzung durch die Gruppe war und *dann* die auffällige Reaktion des Ausgegrenzten. Doch kann das Verhalten auch schon in vorherigen Gruppen erworben worden sein. Und den Versuch, den Kreislauf von Aktion der Gruppe – Reaktion des Einzelnen – Reaktion der Gruppe – Reaktion des Einzelnen … zu unterbrechen, kann auch der Einzelne unternehmen.

Als weiteres Projektbeispiel möchte ich die Aufnahme einer Videoszene darstellen.

◆ Projekt Video-Aufnahme

Ich hatte in einer Elektroinstallateur-Klasse die Fächer Deutsch und Politik zu unterrichten. Von einem Schüler kam der Vorschlag, etwas Interessantes (Roman, Kurzgeschichte ...) über den Nationalsozialismus zu lesen. Damit traf er teils auf Zustimmung, teils (größtenteils!) auf Indifferenz.

Was der Schüler zu lesen vorschlug, war unannehmbar: Heldengeschichten deutscher Soldaten im Zweiten Weltkrieg. Statt dessen brachte ich „Furcht und Elend des Dritten Reiches" von Brecht mit, wollte einzelne Szenen daraus lesen und die geschichtlich-politischen Hintergründe daran erarbeiten. Doch die Klasse fand es gähnend langweilig – „keine action".

Schließlich schlug einer vor, einen Videofilm zu drehen. Er hatte sich nämlich einen Videocamcorder gekauft, wusste einerseits nun nichts damit anzufangen, wollte ihn andererseits den Kameraden gern vorführen. Nicht wegen des Inhalts, aber wegen der Aussicht, Videoaufnahmen zu machen.

So suchten wir also eine Szene aus „Furcht und Elend" aus: „Das Mahnwort".

In der Gruppe der Hitlerjungen wird einer von dem älteren Gruppenführer („der Dicke") ständig schikaniert, vielleicht, weil ihm seine Mutter immer noch keine Gasmaske zum Exerzieren gekauft hat, vielleicht, weil er nicht mit dem Dicken ins Kino gegangen ist. Vor Angst und Aufregung versagt er immer wieder dabei, ein kurzes (zynisches) Gedicht, „das Mahnwort", fehlerfrei aufzusagen.

Die Aufgaben (Regie, Beleuchtung, Kameraführung)

und die Rollen wurden mehrfach besetzt, damit jeder aktiv war. Wir besorgten die Kostüme vom Theaterfundus, für Schulklassen übrigens meist kostenlos. Die Schüler waren wirklich engagiert, wie sie das selbst nicht für möglich gehalten hätten. Sie wollten wissen, wie das genau war damals, ob man sich nicht entziehen konnte, warum und wozu das Ganze. Sie erkannten, wie die Szenen von Brecht aufgebaut waren, und wollten natürlich im Videofilm besonders gut sein, denn jeder nahm anschließend die Kassette oder Kopien davon mit nach Hause, zeigte sie der Familie und Freunden.

Man braucht nicht viel Phantasie, um zu erkennen, wie sich auch hier Außenseiter aus ihrer Rolle befreien können, sei es bei der Organisation, sei es bei der Verteilung der Rollen. (So kann zum Beispiel der Gemobbte in der Szene einen Mitläufer spielen und einer, der in der Hierarchie der Klasse ganz oben steht, den armen Jungen, der gestriezt wird.)

3 Thematisierung des Mobbing

a) Direktes Ansprechen im Unterricht

Die Thematisierung des Mobbing im Unterricht darf, wie schon erwähnt, ausschließlich dann erfolgen, wenn der Außenseiter sich im Einzelgespräch mit dem Lehrer zuvor damit einverstanden erklärt hat. Man muss aber von vornherein damit rechnen, dass die Opfer unerfüllbare Wünsche haben. Einige wollen jetzt und sofort in die Klasse voll integriert werden, wobei sich die anderen bei ihnen für ihr bisheriges Verhalten entschuldigen sollen. Manche hegen auch Rachegedanken und erwarten die schärfste Bestrafung der Täter. Das ist natürlich zurückzuweisen, aber solche Wunschträume und tiefsitzende Wut müssen vom Lehrer verstanden werden und dürfen nicht zur emotionalen Distanzierung führen.

Zwar erweist es sich meist als unmöglich, ein unsoziales Verhalten der Klasse einfach anzusprechen, wenn sich alle anderen dagegen wehren (zur Erinnerung: „Ist doch nur Spaß!" oder „Wir reagieren auf seine unerträglichen Handlungen", können die Schüler sagen und unter Umständen jeden Zugang zum Problem verweigern.) – aber manche Gruppen sind eben doch spontan bereit, die Art ihrer Kommunikation zum Thema zu machen, eigene Fehler einzuräumen und sich zu ändern. Das wird besonders dann der Fall sein,

- wenn recht viele mit dem Mobbing nicht einverstanden sind,
- wenn das Klassenklima so offen ist, dass ohne Folgen Kritik geübt werden kann,
- wenn Mobbing eher aus Gewohnheit ausgeübt wird und zur Unterhaltung dient und nicht (mehr) für den Gruppenzusammenhalt erforderlich ist,
- wenn alle schnell einsehen, wie schlimm ihr Verhalten, das eigentlich nicht böse gemeint ist, sich für den Gemobbten auswirkt.

Dann bietet sich ein Unterricht an, der zunächst darüber informiert,

- welche Arten von Mobbing es gibt,
- welche Leiden dies verursacht,
- wie die Gruppenhierarchie beschaffen ist,
- wie der Teufelskreis aus Aktion und Reaktion funktioniert,

- welche Rolle Vorurteile in Gruppen wie im gesellschaftlichen Rahmen spielen,
- wie Mobbing am Arbeitsplatz sich auswirkt,

und der auch eine Anknüpfung ermöglicht an Vorerfahrungen der Schüler aus früheren Klassen und Berichte von Erwachsenen, eventuell der Eltern, von denen sie gehört haben.

Wichtig ist, dass die Schüler den Wechsel der Per-
spektive lernen, das Sich-hinein-Versetzen in die Rolle
des Gemobbten. Denn je mehr ein Außenseiter, der von
der Gruppe als Un-Person gehandelt wird, zur Person
wird, in seinen Vorstellungen, Gefühlen, seiner Umwelt
sichtbar wird, umso leichter fällt es, sich mit ihm zu identifizieren, umso schwerer, ihm zu schaden. Dazu wieder
ein Beispiel aus einer Grundschulklasse:

> Simon sitzt als einziger allein an einem Tisch. Er ist ein intelligenter
> Schüler, der immer gute Noten erhält. Aber häufig passieren ihm Miss-
> geschicke, die bei den Mitschülern wahre Lachstürme hervorrufen. So
> kaute er zum Beispiel auf einer Tintenpatrone seines Füllers herum,
> während er aufmerksam dem Unterricht folgte. Es kam, wie es kom-
> men musste: Die Patrone platzte, die Tinte lief heraus, aus seinem
> Mund, über die Kleidung und den Tisch. Die anderen Schüler konn-
> ten sich über so viel Dummheit und Ungeschick gar nicht beruhigen.
> Das nahm die Lehrerin zum Anlass, mit ihm und der ganzen Klasse
> über seine Stellung zu sprechen. Simon erzählte, wie unglücklich er
> selbst über die Missgeschicke sei, die er ja nicht mit Absicht herbeiführe,
> und wie sehr er unter der Ausgrenzung leide. Freimütig und ausführlich
> berichtete er (unter der Anleitung der Lehrerin), wie schlecht es ihm
> in der Schule ging. Dadurch wurde er als Person von den anderen
> wahrgenommen, die ihn nun verstehen und akzeptieren konnten. Von
> da an saß Simon auch nicht mehr allein.

Gerade dieser letzte Gesichtspunkt, Wahrnehmung der
Persönlichkeit, steht bei meiner „Talkshow" im Zentrum
(S. 108).

b) Bearbeitung im Rollenspiel

Um die kognitive Ebene um die Gefühls- und Handlungsebene zu erweitern, bietet sich ein Rollenspiel an. Vorschlag für ein Rollenspiel:

Ein Neuer kommt mitten im Schuljahr in die Klasse und beherrscht den Stoff schon, der gerade durchgenommen wird.

- Wie verhält er sich? Wie reagiert die Klasse darauf?
- Wie verhält sich die Klasse? Wie reagiert er darauf?
- Wie wirkt sich das aus?
- Welche besseren Alternativen dazu gibt es?
- Wer spielt welche Rolle?
- Realistische Ausgestaltung der Rolle?
- ...

Zur Planung, Durchführung und Auswertung verweise ich auf die Literatur, zumal der Einsatz des Rollenspiels relativ weit verbreitet ist.

Wichtig ist es, dass die Schüler verschiedene Rollen wahrnehmen und die Hintergründe für das Handeln verstehen. Erfahrungsgemäß können sie eine ganze Reihe von Verhaltensweisen „Neuer" im Rollenspiel vorstellen, die sie persönlich schon erlebt haben, die ihnen auffielen und absonderlich erschienen. Die Gründe für die Handlungsweisen sind ihnen aber oft nicht vertraut, und sie suchen auch nicht danach. „Der war eben so komisch" reicht ihnen häufig. Mit Hilfe der weiter vorn dargestellten Theorien kann der Klasse in vielen Fällen erklärt werden, wie es zu einem solchen Sozialverhalten kam und welchen Anteil die übrigen Gruppenmitglieder daran hatten.

Daran anschließend können bessere Verhaltensweisen erarbeitet werden.

Der nächste und entscheidende Schritt ist dann die Thematisierung der Rollenverteilung und der Struktur der Klasse.

c) *Indirekter Einstieg im Unterricht*

Selbst erstellte Texte

Häufig wird es günstiger sein, bei dem heiklen Thema „Mobbing" nicht gleich die Probleme der Klasse zu erörtern, weil mit zu vielen Ängsten und Widerständen zu rechnen ist, sondern zunächst mit einer fiktiven Gruppe zu beginnen.

Als methodischen Einstieg in die Thematik empfehle ich, ein Arbeitsblatt zu entwerfen, das die Situation der Klasse zwar verfremdet, aber doch nachvollziehbar und zur Identifikation geeignet darstellt. Bei dem Beispiel weiter unten habe ich den Text mit der Klasse gelesen und analysiert. Denkbar wären auch andere Vorgehensweisen, wie z. B. Darstellung im Spiel oder Anfertigen eines eigenen Textes durch die Schüler.

Zur Illustration nebenstehend ein Beispiel aus einer Elektroinstallateur-Klasse.

Ich habe den Text für eine Elektroinstallateur-Klasse geschrieben, in der es einen sehr stillen Jugendlichen gab, der manchmal als ein wenig eigensinnig und nervig galt, üblicherweise aber einfach ignoriert wurde.

Ich achtete darauf, dass kein Name aus der Klasse mit einem aus dem Text übereinstimmte. Auch die Szene auf dem Rummelplatz hatte keinen realen Hintergrund. So war es leicht, mit den Schülern unbefangen über Gruppenhierarchien zu reden, den Zusammenhang zwischen Aussondern und Reaktion des Ausgesonderten zu

Auf dem Rummelplatz

A.
Am Abend hatte sich fast die ganze Klasse
wie schon in den letzten beiden Jahren auf
dem Kerbeplatz versammelt. Zum ersten Mal
kam auch Thorsten, ohne dass von ihm
besondere Notiz genommen worden wäre.

B.
Tom, wie immer der Mittelpunkt der Gruppe,
hatte zwei Mädchen mitgebracht. Er forderte
die anderen zum Wettkampf an der Überschlag-
schaukel heraus.
Tom: „Auf! Wer zuerst rumkommt!" Ralf
entgegnete verächtlich: „So 'n Kinderkram!"
Darauf rief Tom: „Du bist ja nur zu feige!"
und kletterte schon in eine Schaukel.
Zwei weitere Jungen taten es ihm nach. Wie
zu erwarten gewesen war, triumphierte Tom.

C.
Wenig später am Schießstand maßen sich Ralf
und drei weitere Jungen. Thorsten besaß ein
Luftgewehr und war zu Hause immer besser
gewesen als die Kinder der Nachbarschaft.
Er hätte gern mitgeschossen, bekam aber kein
freies Gewehr mehr. Deshalb forderte er
danach Ralf heraus: „Komm, nur wir beide!
Wer zuerst die 10 trifft!" Ralf: „Nö, keine
Lust mehr." Thorsten versuchte es noch
einmal: „Der Verlierer gibt allen einen aus!"
Ralf, deutlich genervt und laut, dass es
alle hörten: „Du gehst mir auf den Wecker!"
Die Gruppe schlenderte weiter, Thorsten
trottete hinterher.

bearbeiten und zu überlegen, welche Folgen das für den Einzelnen hat.

Den beiden kurzen Dialogszenen in A. und B. war zu entnehmen, dass nicht die bessere Argumentation sich durchsetzt, sondern die Position in der sozialen Rangfolge. Während der Besprechung, welche Begebenheiten die Schüler schon früher in anderen Klassen erlebt hatten, kam das Gespräch auch auf ihre derzeitige Klassensituation. Der Junge, dem ich im Text den Namen Thorsten gegeben hatte, sagte schließlich, er fühle sich auch hier in dessen Rolle. Die anderen widersprachen. Er habe sich, offensichtlich im Gegensatz zu diesem Thorsten, mit seinem Verhalten selbst in diese Situation hineinmanövriert. Dann begann ein Gespräch über Vorfälle der letzten Wochen, wobei jede Seite der anderen vorwarf, Ursache gewesen zu sein, man selber habe nur reagiert. Hier war die Information nützlich über typische Verhaltensweisen von Außenseitern als Reaktion auf ihre Ausgrenzung und über das Verbergen von Gefühlen in einer solchen Lage.

In der Folgezeit zeigten die meisten mehr Interesse an ihm. Er wurde zwar nicht zum beliebtesten Schüler, man ließ ihn aber auch nicht mehr einfach links liegen, auf seine Beiträge wurde eingegangen. Und er selbst reagierte nicht mehr so nervtötend stur. Rechts ein zweites Beispiel.

Den Text verfasste ich für eine Klasse, in der zwei Schüler mit Rohheiten dominierten und die Mehrheit der Klasse dies stillschweigend tolerierte – bis mit Hilfe dieser kurzen Szene ihr Benehmen thematisiert wurde, wodurch sich das Sozialverhalten nachhaltig verbesserte. Auffällig war jetzt das leichtere Ansprechen in nicht verletzendem Ton von nicht annehmbaren Verhaltensweisen eines Einzelnen.

Auf dem Schulhof

In der Pause stehen Fred, Eric, Jens und Elke zusammen, als in einiger Entfernung Günter vorbeigeht, ohne sie zu bemerken.

Eric: „Fred, guck mal, der Günter hat richtige Nike-Schuhe an. War wohl ein Sonderangebot!"

Fred: „Damit stakst er genauso blöd rum wie sonst mit seinen Plastik-Tretern."

Eric: „Der Neckermann-Athlet!"

Jens: „Mann! Was legt ihr für einen Wert auf Markensachen."

Eric: „Das Billigzeugs sieht nichts aus und ist letzten Endes genauso teuer, weil es schneller kaputtgeht."

Fred: „Wer bei Neckermann kauft, hat einen Dachschaden. Das sieht man an dem da."

Elke: „Quatsch, bei den Marken zahlst du vor allem den Namen. Außerdem tragen viele in der Klasse keine Nike, Reebok oder was weiß ich. Auf denen hackt ihr nie rum, immer nur auf Günter!"

Fred: „Das reizt eben, wenn einer so unheimlich doof ist." *(Eric und Fred lachen.)*

Elke: „Wenn man sich mit ihm unterhält, ist er gar nicht so verkehrt."

Fred: „Dein neuer Freund, was? Mein Gott! Gleich heult sie vor Mitleid."

Jens: „Also, ich..."

Fred: *(unterbricht ihn scharf)* „Auch dein Freund?"

Jens: *(schnell)* „Ich meine nur, ich ..."

Fred: *(ärgerlich)* „Ach, halt' die Fresse!"

Jens verstummt, Fred und Eric sehen sich bedeutungsvoll an.

Elke: *(dreht sich empört um und geht)* „Ihr seid ekelhaft!"

Fred und Eric lachen laut auf, Jens lächelt verlegen.

Die Referendare bezeichneten es manchmal als überaus schwierig, sich selbst geeignete Texte auszudenken, sie trauten es sich anfangs nicht zu. Aber dann, nach kurzer Beschäftigung mit dem Thema, fanden alle eine Geschichte, die zwar verfremdet, aber doch spezifisch genug war, die Klassensituation zu beleuchten und einer Diskussion zugänglich zu machen.

Der Lehrer kann aber auch, umgekehrt zum vorherigen Vorschlag, nach dem Lesen des Textes erst die psychologischen Grundlagen vermitteln, um dann, wenn die Ängste reduziert sind, wenn ein ungehindertes Reden über die Materie eingeübt ist, die Situation der Klasse in den Blick zu nehmen. Dazu ist es nach meiner Erfahrung gar nicht nötig, dass dafür der Lehrer die Initiative ergreift. Bisher war es immer so, dass zu irgendeinem Zeitpunkt ein Schüler das selbst auf den Punkt brachte: „Bei uns ist es doch auch so ähnlich!" Oder: „Bei uns war es auch so!" Hier benutzte jemand die Vergangenheitsform in der Überzeugung, dass nun, nachdem ein solches Verhalten ins Bewusstsein gehoben worden war, es nicht mehr vorkommen könne. Diese Überzeugung ist sicherlich sehr optimistisch und vielleicht auch nur deshalb geäußert, weil sich über das Abgeschlossene leichter diskutieren lässt als über das Akute. Doch ist es eine gute Ausgangssituation für die Bearbeitung mit der Klasse:

Wie ging es mir, dir, als ...?
(Benennung einer konkreten Situation)

Wie wirkte sich das aus?
(Verhalten, Einstellungen, Ängste ...)

Wie stehe ich, wie stehst du heute dazu?
(Distanzierung, Wiedergutmachung ...)

Fiktionale Literatur

Sehr hilfreich kann es auch sein, statt selbst erfundener Texte Erzählungen, Romane, Filme u. a. heranzuziehen. Dabei muss keineswegs Mobbing dargestellt werden. Es reicht, wenn Verhalten von Kindern/Jugendlichen beschrieben wird. Von dieser Ausgangsbasis fließt die Diskussion leicht zum Thema „Psychoterror" über.

Ich empfehle in erster Linie für den Unterricht mit Jugendlichen: Hermann Hesse: *Unterm Rad*, William Golding: *Herr der Fliegen*, Günter Grass: *Katz und Maus*, Jonas Gardell: *Die Lustige Stunde*, den Film *Club der toten Dichter*.

Herausheben will ich das weniger bekannte Buch „Die Lustige Stunde". Der Autor beschreibt (großenteils autobiografisch) hart und realistisch eine Klasse in einer schwedischen Kleinstadt Ende der 70er Jahre. Der Schüler Juha, sein Vater ist Schwede, seine Mutter ist Finnin (Finnen haben in weiten Teilen der schwedischen Bevölkerung unter Verachtung zu leiden), kämpft um Anerkennung in der Klasse, macht sich zum Clown und wird zum Clown gemacht.

Aus Angst vor den Anführern der Klasse verrät er seine Freundin Jenny, die er sehr mag, und das am schlimmsten leidende Mobbingopfer der Klasse, Thomas, mit dem er mitleidet.

Eine Szene: Gardell beschreibt, wie Juha Thomas nach Hause begleitet, weil dieser große Angst hat vor zwei Mitschülern, Stefan und Lennart, die ihm Prügel auf dem Heimweg angedroht haben. Kurz vor dem rettenden Haus, als Juha und Thomas sich schon in Sicherheit wähnen, tauchen die beiden Gruppenführer doch noch auf. Sie dulden nicht, dass sich jemand auf die Seite des Opfers stellt („Wer nicht auf unserer Seite ist,

ist gegen uns", erklärt Stefan). Sie zwingen Juha, Thomas selbst zu schlagen:

- *Ich kann nicht, murmelt er.*
- *Entweder du tust es, oder wir scheißen auf Thomas und verprügeln dich statt dessen! erkärt Stefan sachlich, so sind die Regeln.*
- *Bis du kotzt, Scheißfinne! zischt Lennart.*
- *So. Viele. Schläge. Stefan spuckt die Wörter heraus wie Rotze.*

Da schlägt Juha zu. Er schlägt Thomas. In die Magengrube schlägt er ihn. (Gardell 1994, S. 83)
Auch viele Jahre später, als Thomas Selbstmord begangen, Juha die Schule verlassen hat und mittlerweile ein angesehener Alleinunterhalter geworden ist, verfolgt ihn noch der Fluch aus der Schulzeit. Nach einem Auftritt drängt sich Lennart in seine Garderobe und demütigt ihn wieder wie in alten Zeiten. (S. 153 ff.)

Ich habe dieses Buch gemeinsam mit Berufsschülern gelesen. Sie waren sehr betroffen, ertrugen es fast nicht und hätten am liebsten die Geschichte umgeschrieben. Im Gespräch darüber erzählten sie von ähnlichen Erlebnissen und Erfahrungen, deren Auswirkungen ihnen vorher nicht bewusst waren. Erst durch die Lektüre wurden sie für Mobbingerscheinungen sensibilisiert und entwickelten die Bereitschaft, über die derzeitige Situation in der Klasse nachzudenken. Die psychologischen Grundlagen zum Thema Mobbing muss allerdings der Lehrer liefern, denn ohne eine gute Theorie können die Schüler auf künftige Situationen nicht adäquat reagieren.

d) Tiefer gehende Diagnosemöglichkeiten

Häufig liegt Mobbingverhalten offen zutage. Sollte dies aber nicht ganz klar sein, müssen nähere Untersuchungen folgen, die allerdings nicht nur der Analyse dienen, sondern auch zur „Therapie" überleiten.

Im Folgenden will ich vier diagnostische Verfahren vorstellen, die den Schülern und dem Lehrer aufzeigen, welcher Art die Sozialstruktur der Klasse ist. Auf dieser Grundlage lässt sich wesentlich besser ein offenes Gespräch führen, weil Mutmaßungen, Fehleinschätzungen und rhetorische Dominanz sonst leicht in die Irre führen können.

- Beobachtung, erkundendes Gespräch und Fragebogen
- Soziogramm

Beobachtung

In vielen Fällen liegt Mobbingverhalten offen zutage und bedarf keiner geschulten Fähigkeit, dies wahrzunehmen. Oftmals vollzieht es sich aber sehr subtil (in der Gegenwart des Lehrers zumindest), so dass, wenn man fürchtet, es könne jemand unter der Klassensituation zu leiden haben, zu untersuchen ist, ob hier nur ein singulärer Scherz getrieben oder ein einzelner Konflikt ausgetragen wird, der nicht zu einer schädigenden Rollenzuweisung führt, oder ob manifeste Gruppenstrukturen mit der Ausübung von Psychoterror damit verbunden sind.

Bei nicht offenem Austragen von Mobbing (was für die Betroffenen keineswegs leichter hinzunehmen ist), muss man als Beobachter Indizien sammeln: Wird die Person häufig isoliert (einzelner Sitzplatz in der Klasse, mangelnde Bereitschaft zur Zusammenarbeit, keine Reaktion auf Gesprächsbeiträge ...)? Ist sie öfter Opfer von

Aggressionen oder Scherzen? Werden überwiegend negative Äußerungen (inkl. Tonalität, Mimik, Gestik) über sie gemacht? Reagiert sie mit Flucht (Fehltage!) oder typischem Außenseiterverhalten? usw.

Daran wird sich *auf jeden Fall ein Gespräch mit dem möglichen Außenseiter* anschließen.

Doch muss man sich bei diesem Gespräch vor Augen führen, dass er zuverlässige Aussagen nur über sein eigenes Befinden treffen kann, mit der Beurteilung der Sozialstruktur der Klasse kann er sehr daneben liegen. Denn der soziale Stress, dem jemand ausgesetzt ist, verzerrt häufig auch die Wahrnehmung.

Befragung

„Fragen" ist nicht wörtlich zu nehmen; aus einem Gespräch kann ich mehr erfahren, als wenn ich jemanden ausfrage. In der normalerweise vorherrschenden Schulsituation ist es nur sinnvoll, ein Gespräch mit einzelnen Personen zu führen, vorrangig (aber nicht nur) mit den tatsächlichen oder vermuteten Mobbingopfern. Sehr zu empfehlen ist hier, wie schon mehrfach erwähnt, die Gesprächsführung, wie sie Thomas Gordon in seinem Buch „Lehrer-Schüler-Konferenz" vorschlägt. Wenngleich manches davon viel Übung und Erfahrung voraussetzt, so sind doch das „aktive Zuhören" und das Vermeiden von Redewendungen, die die Kommunikation behindern („Straßensperren" bei Gordon), relativ leicht anzuwenden.

Ein tiefer gehendes Gespräch mit der ganzen Klasse über dieses Problem würde (meist) selbst ein in Gesprächsführung geschulter Therapeut ablehnen, weil die Bedingungen (Zahl der Beteiligten, räumliche und zeitliche Gegebenheiten, Einwirkungen von außen) im Schulalltag zu ungünstig sind.

Fragebogen

Leichter ist eine anonyme schriftliche Befragung, die speziell auf die Klassensituation zugeschnitten ist. Wichtig ist es, die Fragen so zu stellen, dass sie das sprachliche Niveau der Klasse treffen und die Situation genau beschreiben können. Dabei muss auf jeden Fall den Schülern garantiert werden, dass die Anonymität gewahrt bleibt (es sei denn, der Gemobbte selbst will sich öffnen). Wenn die Einzelnen befürchten müssen, dass ihre Meinungen namentlich bekannt werden könnten, werden sie kaum mehr von sich geben, als sie dies auch so im Gespräch tun.

Ob geschlossene Fragen zum Ankreuzen oder offene zur ausführlichen schriftlichen Beantwortung zu stellen sind, hängt von Klasse und Lehrer ab: Die ausführliche Form hat den Vorteil, dass die Schüler umfassend Stellung nehmen können, wobei unter Umständen auch Gesichtspunkte in die Diskussion kommen, die der Lehrer bei der Fragebogenerstellung übersehen hätte. Das Problem ist allerdings, dass die Schüler sprachlich so gewandt sein müssen, dass ihre Ausführungen eindeutig zu verstehen sind, da wegen der Anonymität Nachfragen nicht möglich sind. Auch die Auswertung ist nicht ganz einfach. Das wiederum ist beim Fragebogen leichter. Allerdings besteht hierbei Unsicherheit in Bezug auf die Vollständigkeit und ob alle das so verstanden haben, wie es der Fragebogenersteller gemeint hat. Auf Seite 102 findet sich ein Beispiel für einen Fragebogen zum Ankreuzen.

Eine solche Befragung, deren Anonymität – ich wiederhole das – auf jeden Fall garantiert werden muss, gibt nicht nur Auskunft über Mobbing, sondern bietet auch eine gute Grundlage für ein (sub-therapeutisches) Ge-

Fragebogen

Fühlst du dich in der Klasse wohl?

gut ○

geht so ○

schlecht ○

Wie schätzt du dein Ansehen in der Klasse ein?

Die meisten mögen mich ○

Einige mögen mich ○

Ich bin nicht sehr beliebt ○

Die meisten sind gemein zu mir ○

Welche Aussagen treffen zu?

Unser Klassenklima ist

gut ○

zufrieden stellend ○

schlecht ○

Der Zusammenhalt in der Klasse ist

gut ○

gering ○

nicht vorhanden ○

Einer hat/einige haben wirklich gute Ideen ○

Einer ist/manche sind sehr nett ○

Einer gibt/einige geben den Ton an ○

Einer ist/einige sind für die Klasse
unausstehlich ○

Einer wird/manche werden geradezu ignoriert ○

Manche werden/einer wird regelrecht
von der Mehrheit gequält ○

Es gibt einen/mehrere, die sich an die
Lehrer anbiedern ○

... (andere Fragen, wenn man meint,
dass Entsprechendes auftritt)

102

spräch. Denn wenn die Ausflüchte gar zu offen bereit-
liegen („Bei uns gibt es kein Mobbing, wir machen die
Scherze gleichverteilt mit jedem.") und schwer das
Gegenteil zu beweisen ist, wird leicht der Neigung
nachgegangen, dem peinlichen Thema auszuweichen.
Außerdem ergibt sich die Bedrängnis des Opfers erst aus
der Summe der Aussagen, die jedem einzelnen Schüler
in ihrer Gesamtheit so nicht präsent ist.

Soziogramm

Als nächstes Verfahren möchte ich das Soziogramm vorstellen, das in den Sechziger- und Siebzigerjahren an
den Schulen einmal sehr in Mode war, dann aber – wohl
wegen unsachgemäßer Handhabung und regelrechtem
Missbrauch (nämlich zur Disziplinierung der Schüler) –
wieder aus dem Repertoire der Lehrer verschwunden
ist; zu Unrecht bei sinnvoller und verantwortlicher Anwendung, wie ich meine.

Allerdings muss die jeweilige Erlasslage berücksich-
tigt werden. Schulrechtlich müssen meist bestimmte Bedingungen erfüllt werden, damit ein Soziogramm erstellt
werden darf. Unabdingbare Voraussetzungen für die
Anfertigung eines Soziogrammes sind

- die Information der Schüler über den Sinn und das
  Verfahren des Soziogramms;
- ein vertrauensvolles Verhältnis zwischen Lehrer und
  Schülern;
- eine ausreichende Kommunikationssituation, d. h., es
  muss genügend Zeit zur Verfügung stehen und ein ge-
  ordnetes Gespräch mit den Schülern muss möglich sein.

Die Ergebnisse des Soziogramms werden keinem
Außenstehenden zugänglich gemacht, auch nicht

den Eltern oder Kollegen oder gar dem Ausbildungsbetrieb.

Den Schülern muss versichert werden, dass die Anonymität nicht aufgehoben wird, solange auch nur ein Einziger dagegen ist. Das bedeutet, dass der Lehrer die Namen nicht preisgibt und auch die Schüler sich nicht gegenseitig sagen dürfen, wen sie gewählt haben, um schließlich doch herauszufinden, welche Person sich hinter welcher Ziffer verbirgt.

(Ich selbst sage aber jedem Schüler seine Nummer im Soziogramm, wenn er es wissen will – bis jetzt wollte es noch jeder wissen!)

Da es mehrere Möglichkeiten gibt, beschreibe ich mein Verfahren:

- Die Schüler sitzen so weit auseinander oder schirmen sich ab, dass Anonymität sicher ist.

- Jeder schreibt auf seinen Zettel seinen Namen.

- Darunter notiert er, mit wem er gern in der Gruppe zusammenarbeiten möchte (+) und mit wem keinesfalls (–) [max. je 3 Namen]. (Wörter wie „Sympathie" oder „jemanden mögen" vermeide ich.)

- Ich sammle die Zettel ein und ordne jedem Schüler willkürlich eine Zahl zu.

- Auf einer Folie veranschauliche ich mit Pfeilen, wer (Kreis mit Nummer darin) wen gewählt hat. Die, die sich gegenseitig gewählt haben, eine Gruppe bilden, ordne ich auch als Gruppe an. Wer von niemandem gewählt wurde, wird eher am Rand eingezeichnet (s. Beispiel) (Konzept auf einem Schmierzettel: meist erst nach mehreren Versuchen zufrieden stellend).

- Die Negativwahl kann je nach Gegebenheit mit einer anderen Farbe ins gleiche Soziogramm eingezeichnet werden, als extra Folie darüber gelegt werden oder an die einzelnen Ziffern darangeschrieben werden, wer sie abgelehnt hat.

Es ist zu bedenken, dass ein Soziogramm nur eine Momentaufnahme der Klassensituation wiedergibt. Es kann die langfristige Beziehungsstruktur in der Klasse darstellen, kann aber auch an diesem Tag eine sonst nicht übliche Konstellation spiegeln, weil zum Beispiel ein Schüler sich gerade heute missliebig gemacht hat (wenn es z. B. seinetwegen eine zusätzliche Arbeit für die ganze Klasse gab), sonst aber keineswegs Außenseiter ist.

Das Soziogramm *nur* als Diagnoseverfahren einzusetzen, halte ich nicht für sinnvoll und pädagogisch gerechtfertigt, weil für die Schüler dann nicht durchschaubar ist, was der Lehrer damit anfängt; vielmehr ist es als der erste Schritt einer „Therapie" des Mobbingverhaltens zu nutzen.

Beispiel für die Zettel der Positiv- und Negativwahl der Schüler:

Mein Name: *Thomas B.*	Mein Name: *Stephan*
Zusammenarbeit gewünscht	Zusammenarbeit gewünscht
mit nicht mit	mit nicht mit
Hans *Gerd*	*Thomas B.* *Gerd*
Stephan	*Chris*
Markus	*Markus*

Die Zettel werden eingesammelt und vom Lehrer mit Ziffern codiert, z. B.

Thomas B.   = 1
Chris   = 2
Markus   = 3
Gerd   = 4
Hans   = 5
Stephan   = 6
Thomas G.   = 7 usw.

Das Soziogramm der ganzen Klasse könnte z. B. so aussehen:

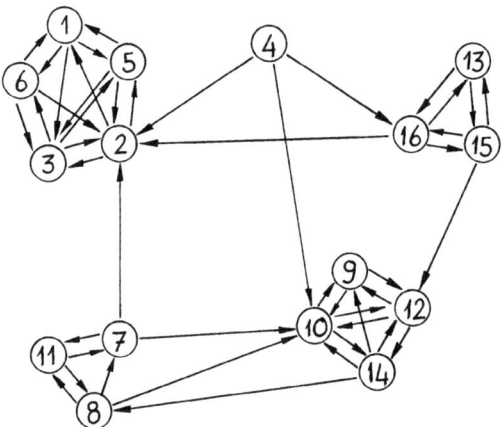

Wenn dieses Soziogramm als Overhead-Folie an die Wand projiziert wird, erkennen die Schüler sofort, dass es in der Klasse vier Gruppen und einen Außenseiter gibt, der von niemandem gewählt, aber von 9 Schülern abgelehnt wurde. Keiner weiß genau, welches seine Nummer ist – außer Nummer 4. Und jeder weiß, wer das ist. Das löst bei manchen Klassen schon Mitgefühl und Bedauern aus. Zwar hatten viele etwas gegen diesen

Schüler, aber sie sahen es nicht in der Gesamtheit. Dass er *so* isoliert und abgelehnt dasteht, war ihnen nicht bewusst und erscheint ihnen nun als unangemessene Härte, auch wenn sie sonst Vorbehalte gegen ihn haben.

Bisweilen ergreift ein Schüler das Wort (im günstigsten Falle der Schüler mit der Nummer 4 selber) und spricht über dessen Stellung in der Klasse. In dieser Situation der Klarheit und Offenheit wagt kaum ein Schüler, Scherze zu machen oder mit Banalitäten auszuweichen. Ohne Umschweife sagen die Schüler, was ihnen an dem Außenseiter nicht gefällt, und der nimmt auch kein Blatt mehr vor den Mund, wenn er beschreibt, wie sich die Gruppe ihm gegenüber verhält. Verhaltensweisen, die teils unbewusst waren, teils aus der Deckung der Mehrheit heraus erfolgten, werden offen gelegt und thematisiert. Es gibt gegenseitige Schuldzuweisungen und Einsichten, die häufig in das Versprechen münden, auf diskriminierende Worte und Aktionen in Zukunft zu verzichten. Dass nach solch einem Gespräch sich nichts verbessert, alles beim Alten bleibt, habe ich noch nicht erlebt. Zwar ist es für den Gemobbten oft schmerzhaft, wenn eine Mehrzahl von Schülern sein Benehmen widerspiegeln und charakterisieren, aber am Ende verbessert sich seine Lage doch.

Wenn die Schüler sich jedoch nur dafür interessieren, welche Nummer zu ihnen gehört, muss der Lehrer die Situation des Außenseiters ansprechen. Häufig erweist es sich als nützlich, die Gruppenhierarchie und die möglichen Reaktionen der Mobbingopfer darzustellen, wie ich es in den vorherigen Kapiteln beschrieben habe.

Selbstverständlich ist danach wieder im Sinne einer Anti-Mobbing-Erziehung ein Unterricht erforderlich, bei dem die im Theorieteil dargelegten psychologischen und gesellschaftlichen Grundlagen vermittelt werden.

4 Mobbingprävention

In Klassen, in denen es noch keinen Psychoterror gibt, ist es sinnvoll, Prävention zu betreiben, Prävention für die Schule und darüber hinausgehend für Beruf und Gesellschaft. Wenn kein akuter Fall in der Lerngruppe vorliegt, kann unbefangen das System, wie es im ersten Teil dieses Buches dargelegt wurde, erarbeitet werden: anhand eigener Erfahrungen der Kinder und Jugendlichen aus vorigen Klassen, mit Hilfe von Texten aus der Literatur, mit Rollenspielen oder von den Schülern entworfenen Szenen, bei denen dem negativen ein positives Sozialverhalten gegenübergestellt wird.

In neu zusammengestellten Klassen setze ich häufig zwei Verfahren ein, die der Vorbeugung gegen Mobbing dienen, ohne dass dieses Wort benutzt wird: „Talkshow" und „Fremdwahrnehmung – Selbstwahrnehmung".

a) Die „Talkshow"

Ich habe das Verfahren der Fernsehunterhaltung entlehnt, ich nenne es „Talkshow". Zum Beispiel rufe ich, nachdem ich den Schülern das Verfahren vorgestellt habe, einen Freiwilligen auf einen freien Stuhl neben mich und interviewe ihn. Zunächst frage ich nach eher oberflächlichen Daten, wie z.B. nach Geschwistern, früher besuchten Schulen, Hobbys, gehe dann intensiver auf seinen Freizeitbereich und seine Zukunftsvorstellungen ein, und erst am Ende, wenn der Schüler sich sicher fühlt, thematisiere ich das Klima und die Beziehungen in der Klasse, so konkret, wie ich es aufgrund der jeweiligen Situation für ansprechbar halte.

Das Gespräch ist so offen, dass jeder sich jederzeit einmischen kann. Das schafft nach meiner Erfahrung allmählich ein Klima des Vertrauens und der gegenseitigen Akzeptanz. Gerade Außenseiter, die ich jedoch niemals als ersten Interviewpartner zulasse, profitieren sehr davon, dass sie als ganze Person mit Stärken und Schwächen, vor allem aber mit Gefühlen wahrgenommen werden, und nicht mehr nur in der Rolle „Clown" zum Beispiel. Und die Chancen, aus der Außenseiterposition ganz herauszukommen, sind nicht schlecht.

Diese Talkshows lege ich meist ans Ende des Schultages, wenn die Konzentrationsfähigkeit für den Elektrotechnikunterricht ohnehin nachgelassen hat. Die Dauer der Talkshow liegt je nach Schüler und Klasse zwischen zehn und dreißig Minuten. Meist kommt nur einer dran, manchmal auch zwei, wenn die Nachfrage, interviewt zu werden, groß ist und keiner auf später vertröstet werden will.

Anregungen für Fragen in der Talkshow:

Auf der eher allgemeinen Ebene Fragen nach Namen, Alter, Familie, Herkunft (vor allem bei Ausländern), Gründen für die Wahl der Schule bzw. des Ausbildungsberufes, Eltern und Geschwistern und das Verhältnis zu ihnen, Kritik der Eltern an dem Schüler, Einschätzung der Schule und der einzelnen Fächer, Berufswünschen, Freizeit, Musik, Kleidung, Sport, Filmen, Hobbys …

Tiefer gehende Fragen:

Was sind deine persönlichen Stärken?
Worin siehst du deine Schwächen?
Was war in deiner früheren Klasse, in deinem Heimatland besser als hier?
Würdest du gern zu Hause ausziehen?
Wovor hast du Angst?

Was für Freunde hast du?
Welche Eigenschaften sollte deine Partnerin haben?
Wie stellst du dir den idealen Mitschüler vor?
Fühlst du dich in der Klasse wohl?
...

b) Fremdwahrnehmung – Selbstwahrnehmung

Bei diesem Verfahren erfährt jeder, wie ihn die anderen einschätzen. Manches Verhalten ist eine Folge irrtümlicher Vermutungen, was die anderen von einem halten und wie sie die entsprechenden Handlungsweisen beurteilen.

Das von mir hier vorgestellte Beispiel dient der Veranschaulichung, es ist keineswegs universell einsetzbar, sondern muss für jede Klasse und deren spezifische Eigenheiten neu konzipiert werden.

Bedeutung der Ziffern:
1 = trifft voll zu; 5 = trifft überhaupt nicht zu

Da jeder jeden (anonym!) einschätzt, braucht man sehr viele Exemplare der folgenden Liste: bei 20 Schülern 400, denn jeder Einzelne erhält einen Bogen mit jedem Namen der Klasse.

Man muss sich darüber im Klaren sein, dass kein Begriff exakt trennscharf ist. Mehrdeutigkeiten und Missverständnisse lassen sich auch nach langer Diskussion nicht ganz ausräumen. Einen gewissen Ausgleich gibt es durch die große Zahl der Items. Trotz dieses Mankos ist aber die Rückmeldung für alle wertvoll und hilfreich.

Zunächst bearbeitet jeder Schüler seine eigene Liste und macht bei jeder Eigenschaft dort ein Kreuz, wo er meint, dass es für ihn zutrifft. Anschließend überlegt er,

Name des Schülers: *Michael Müller*					
Eigenschaft des Schülers	**1**	**2**	**3**	**4**	**5**
fleißig					
intelligent					
ängstlich					
freundlich					
selbstbewusst					
einfühlsam					
ehrlich					
nervig					
hinterhältig					
unangenehm					
rechthaberisch					
gewalttätig					
unterwürfig					
aufgeregt					
hilfsbereit					
verbissen					
gutmütig					
selbstständig					
langweilig					
cool					
verklemmt					
sportlich					
angriffslustig					
redegewandt					
verschlossen					
prahlerisch					
überheblich					
pessimistisch					
anpasserisch					
lustig					
verträumt					
naiv					
empfindlich					
einzelgängerisch					
anbiederisch					
angenehm im Umgang					
untertänig					
egoistisch					
gut aussehend					
kräftig					

wie ihn wohl die anderen sehen, und macht dort einen Kreis. Das kann sehr differieren. Bei dem Kriterium „Ernsthaftigkeit" zum Beispiel (nicht in dieser Liste) kann er vielleicht sich selbst für sehr ernst halten (er kreuzt 1, d. h. „trifft voll zu", an), dabei gleichzeitig der Ansicht sein, die anderen hielten ihn für lustig-oberflächlich, weil er meist seine Betroffenheit unter Scherzen zu verstecken versucht. Wie sie ihn wirklich einschätzen, davon erhält er Kenntnis, wenn er die Einschätzungen der anderen bekommt.

Die Überraschung der Schüler darüber, wie sie von den anderen eingeschätzt wurden, war immer außerordentlich. Meist dauerte es eine Weile, bis das Gespräch in Gang kam. Aber dann drückten doch viele ihr Erstaunen oder ihr Entsetzen über die Beurteilung ihrer Eigenschaften durch die Mehrzahl der Klasse aus. Es gab Nachfragen, und manches Rollenverhalten veränderte sich nachhaltig.

So hatte ein Junge zum Beispiel geglaubt, er müsse seine Ansicht immer und immer wiederholen, damit sie überhaupt zur Kenntnis genommen werde, denn kaum jemand reagierte darauf. Jetzt erfuhr er erst, dass er damit den anderen auf die Nerven ging. Deshalb vermieden sie die Kommunikation mit ihm und nicht etwa, weil er sich nicht deutlich genug geäußert hätte.

5 Bearbeitung im Lehrerteam

Wesentlich besser ist es, wenn nicht eine Lehrkraft allein, sondern alle, die in der Klasse unterrichten, daran arbeiten, ein positives Sozialverhalten der Klasse zu erreichen. Das hat den Vorteil, dass ein Zusammentragen der Beobachtungen eine sichere Diagnose des einzelnen Falles und der Einschätzung der Gruppenstruktur möglich macht. Das Lehrerteam kann sich auch besser beraten, wie gravierend das Mobbing ist und ob eventuell eine psychische Erkrankung des Opfers zugrunde liegt. Nach einer Abklärung der emotionalen Nähe oder Distanz der einzelnen Kollegen zu dem Opfer ist leichter festzulegen, wer am besten dafür geeignet ist, ein erstes Gespräch mit dem betroffenen Schüler zu führen.

Selbstverständlich werden auch die Maßnahmen im Unterricht wesentlich wirkungsvoller sein, wenn alle in der gleichen Richtung arbeiten. Außerdem ist die Realisierung eines projektorientierten Unterrichts im Team günstiger als die mühevolle Einzelarbeit, die auf die Ressourcen und Reflexionsmöglichkeiten einer Gruppe verzichten muss.

Literaturempfehlungen

➤ *Ratgeber für Eltern und Lehrkräfte:*

Bergmann, Wolfgang (2001): Gemeinsam gegen
  Gewalt. Südwest, München

Hurrelmann, Klaus; Rixius, Norbert; Schirp, Heinz u.a.
  (1996): Gewalt in der Schule. Beltz, Weinheim

Kaspar, Horst (2001): Schülermobbing – tun wir was dagegen! AOL, Lichtenau

– (2001): Streber, Petzer, Sündenböcke. AOL, Lichtenau

Krowatschek, Dieter; Krowatschek, Gita (2001): Cool
  bleiben? Mobbing unter Kindern. AOL, Lichtenau

Lawson, Sarah (1996): Treibjagd auf dem Schulhof.
  Oesch, Zürich

Olweus, Dan (1995): Gewalt in der Schule. Huber, Bern

Schallenberg, Frank (2000): „... und raus bist du!".
  Midena, München

Struck, Peter (2001): Wie schütze ich mein Kind vor
  Gewalt in der Schule? Eichborn, Frankfurt a.M.

➤ *Gespräch zwischen Eltern und Kind:*

Gordon, Thomas (1996): Familienkonferenz.
  Heyne, München

➤ *Mobbing in der Arbeitswelt:*

Esser, Axel (1997): Mobbing. Bund, Köln

Kasper, Horst (1998): Mobbing in der Schule. AOL +
  Beltz, Lichtenau, Weinheim

Leymann, Heinz (1996): Mobbing. Rowohlt, Reinbek

114

➢ *Unterrichtsstörungen allgemein:*

Winkel, Rainer (1988): Der gestörte Unterricht.
 Kamp, Bochum

➢ *Rollenspiel:*

Kochan, Barbara (Hrsg.) (1981): Rollenspiel als
 Methode sozialen Lernens. Athenäum, Königstein
Schön, Walter (1983): Rollenspiel als Unterrichtsmethode.
 Österreichischer Bundesverlag, Wien
VanMents, Morry (1991): Rollenspiel: effektiv.
 Ehrenwirth, München

➢ *Projektunterricht:*

Bastian, Johannes und Gudjons, Herbert (1993):
 Das Projektbuch II. Bergmann und Helbig, Hamburg
Boettcher, Wolfgang (1982): Lehrer und Schüler machen
 Unterricht. Beltz, Weinheim
Gudjons, Herbert (1997): Handlungsorientiert lehren
 und lernen. Klinkhardt, Bad Heilbrunn
Klippert, Heinz (1993): Methodentraining.
 Beltz, Weinheim

➢ *Wissenschaftliche Literatur:*

Schäfer, Mechthild; Frey, Dieter (1999): Aggression und
 Gewalt unter Kindern und Jugendlichen. Hogrefe,
 Göttingen

➢ *Kommunikation zwischen Lehrer und Schüler:*

Gordon, Thomas (1995): Lehrer-Schüler-Konferenz.
 Heyne, München

➢ *Fiktionale Literatur:*

Gardell, Jonas (1994): Die Lustige Stunde.
 Thom, Leipzig

Hermann Liebenow
Taschengeld & Co

So lernt Ihr Kind
sparen und
ausgeben

Mit Zeichnungen
von
Manfred Bofinger

(»Kinder sind
Kinder«; 19)
2002. ca. 125
Seiten. ca. 5 Tab.
(3-497-01609-8) kt

Gut mit Geld umzugehen, will gelernt sein. Erst recht, wenn es um schwer fassbare Beträge auf Geld-Karten, in Überweisungsformularen oder bei Kreditverträgen geht.

Hermann Liebenow, Psychotherapeut und seit mehr als 20 Jahren Leiter einer Erziehungsberatungsstelle, beschreibt beeindruckend konkret, wie sich das Verständnis für Geld vom Kindesalter bis ins frühe Erwachsenenalter hinein entwickelt. Er schildert, welche Gelderfahrungen zu welchem Entwicklungsalter passen und wieviel Taschengeld für welches Alter angemessen ist. Aber zur Gelderziehung gehört weitaus mehr als das Taschengeld. Uns allen bekannte Alltagsbeispiele demonstrieren, warum und wie geldliche Zulagen die Motivation von Jugendlichen unterstützen können und welche praktikablen Zuverdienste durch Arbeit die notwendigen Wertvorstellungen ausbilden. Dahinter steht ein fundiertes Konzept zur Förderung der kindlichen Fähigkeiten zur Selbststeuerung.

Historische Bezüge, etwa woher der Dollar seinen Namen hat, und weiterführende Internet-Adressen runden diesen informativen Elternratgeber ab.

Ernst Reinhardt Verlag · München Basel
E-Mail: info@reinhardt-verlag.de
http://www.reinhardt-verlag.de

Franz J. Mönks / Irene H. Ypenburg
Unser Kind ist hochbegabt

Nicht selten bekommen Eltern zu hören: „Sind Sie doch froh, daß Sie ein so kluges Kind haben. Worüber machen Sie sich eigentlich Sorgen?"

Zum Thema Hochbegabung besteht Informationsbedarf, und oftmals ist es nicht leicht, die richtige erzieherische und fördernde Hilfe für das Kind zu finden. Dieser hilfreiche Ratgeber liegt jetzt in 2. Auflage vor. Er informiert darüber, ob Hochbegabung schon im frühen Kindesalter zu erkennen ist, wie hochbegabte Kinder richtig gefördert und Erziehungs- und Schulprobleme vermieden werden können.

Ein Leitfaden für
Eltern und Lehrer

(»Kinder sind
Kinder«; 14)

3. Aufl. 2000
89 Seiten. 6 Abb.
(3-497-01461-3) kt

Aus dem Inhalt

Was ist Hochbegabung? Das Drei-Faktoren-Modell:
Fähigkeit + Kreativität + Motivation
Verschiedene Begabungsformen
Hochbegabung und Talent
Begabungen entdecken und fördern
Kind und soziale Umgebung: der Prozeß der wechselseitigen Akzeptierung und Anpassung
Fördermaßnahmen zu Hause / in der Schule:
Responsivität, Stimulierung und Überstimulierung zu Hause. Beschleunigung der Ausbildung.
Kindzentrierte Förderung
Leistungsversager (Underachiever): leistungsstarke und
-schwache Hochbegabte
Montessori-Pädagogik: verborgener Lehrplan für hochbegabte Schüler

Ernst Reinhardt Verlag · München Basel
E-Mail: info@reinhardt-verlag.de
http://www.reinhardt-verlag.de

Thomas Lang
Kinder brauchen Abenteuer

(»Kinder sind Kinder«; 13)

2., erg. Aufl. 1995
80 Seiten
(3-497-01369-2) kt

Spätestens wenn wir von gefährlichen „Abenteuern" wie S-Bahn-Surfen hören, müssen wir uns fragen: Wo sind Abenteuer für Kinder heute noch möglich, ohne gleich zerstörerisch und selbstgefährdend zu werden? Thomas Lang gibt Anstöße, wie wir Kinder zwischen 6 und 13 Jahren auf der Suche nach Abenteuern unterstützen können. Er erklärt in hervorragend verständlicher Weise, woher die Lust an der Spannung kommt und warum Kinder Abenteuer überhaupt brauchen.

Aus dem Inhalt

Eine kleine Geschichte der Kindheit. Kinderalltag
   zwischen Schule, Konsum und Medien. Die Freizeit
   der Kinder – verplante Kindheit und Freizeitstreß.
   Aufwachsen in einer Erwachsenenwelt. Abweichendes Verhalten und die Suche nach Abenteuern
Abenteuer als intensives Sich-Selbst-Erleben
Gibt es richtige und falsche Abenteuer? Kindliche
   Entwicklung und deren unterschiedliche Abenteuerwelten. Acht Grundthemen der mittleren Kindheit.
   Die Rolle des Erwachsenen in der mittleren Kindheit
Anstöße für eine Abenteuerpädagogik in Familie und
   Kinderalltag
Das Abenteuer der Elemente. Mit Kindern die Jahreszeiten erleben. Das klassische Abenteuer-Spiel
Aufsichtspflicht und Haftung
Jugendfarmen und Aktivspielplätze als beispielhafte
   Abenteuer-, Spiel- und Erlebnisräume

Ernst Reinhardt Verlag · München Basel
E-Mail: info@reinhardt-verlag.de
http://www.reinhardt-verlag.de

Beate Lohmann
Müssen Legastheniker
Schulversager sein?

Das Bändchen stellt eine Einführung in das Prob-
lemfeld Legasthenie dar. Es eignet sich vor allem
für betroffene Eltern, die die Schwierigkeiten ihrer
Kinder zweifellos wiedererkennen werden.

Lese- und Rechtschreibschwäche ist nicht nur für die
betroffenen Familien ein Problem, sondern vor
allem für die Kinder selbst eine große seelische Belastung. Legasthenie zu erkennen und richtig damit
umzugehen, ist deshalb von zentraler Bedeutung.
Eine falsche Einschätzung des Phänomens Legasthenie kann das Schul- und Berufsleben deutlich
beeinträchtigen. Eltern und Schule müssen die
andersartige Entwicklung dieser Kinder erkennen
und ihre speziellen Begabungen fördern lernen.

Aus dem Inhalt

Ursachen der Legasthenie
Abgrenzung einer milieubedingten Lese-Rechtschreib-
    Schwäche von der Legasthenie
Verhalten der Legastheniker
Vorschläge für die Therapie
Untersuchung der Erblichkeit in einem betroffenen
    Familienverband
Legasthenie und große einseitig begabte Persönlich-
    keiten
Fallbesprechungen

(«Kinder sind
Kinder«; 6)

3., aktual. Aufl. 1997
109 Seiten. 12 Abb.
(3-497-01422-2) kt

Ernst Reinhardt Verlag · München Basel
E-Mail: info@reinhardt-verlag.de
http://www.reinhardt-verlag.de

Die Buchreihe
»Kinder sind Kinder«

Die bewährte Ratgeber-Reihe gibt fundierte Antworten auf die verschiedensten pädagogischen Fragen und bietet praktische Hilfestellung und nützliche Tipps bei der Bewältigung von Schwierigkeiten in den verschiedenen Entwicklungsstufen, vom Baby bis zur Pubertät.

Ernst Reinhardt Verlag · München Basel
E-Mail: info@reinhardt-verlag.de
http://www.reinhardt-verlag.de